GRAN LIBRO DE
GUITARRA

SERVILIBRO

Dirección editorial:
Ana Doblado

Corrección de textos:
La Vieja Factoría

Maqueta, portada y parte de los textos e ilustraciones realizados por
Proforma Visual Communication S.L. bajo la dirección e instrucciones de
Servilibro Ediciones S.A., habiendo colaborado para *Proforma* entre otras
las siguientes personas: Hans Geel, Genma Modrego y Raquel Sabater.
Derechos de explotación, distribución y comunicación pública cedidos
por *Proforma Visual Communication S.L.* a Servilibro Ediciones S.A.

Sumario

● **INTRODUCCIÓN A LA GUITARRA** 13

    Origen de la guitarra 14

    La guitarra clásica 16

    La guitarra eléctrica 18

    La guitarra acústica de cuerdas de metal 20

    La guitarra de tapa arqueada 22

● **LOS TIPOS DE GUITARRA EN DETALLE** 25

    Construcción de una guitarra 26

    La guitarra pieza a pieza 28

    Comprar una guitarra 30

    Evaluar una guitarra antes de comprar 32

    Elegir la mejor guitarra clásica 34

    Comprar una guitarra acústica de cuerdas de metal 36

    Partes principales de la guitarra acústica 38

    Comprar una guitarra eléctrica 40

    Los orígenes de la guitarra eléctrica 42

    La tecnología de la guitarra eléctrica 44

● **GUÍA BÁSICA DE UTILIZACIÓN Y MANTENIMIENTO** 47

    Mantenimiento de la guitarra clásica 48

    Limpieza y cuidados de la guitarra eléctrica 50

● PREPARARSE PARA TOCAR 53

    La postura correcta 54

    Afinación básica 56

    Afinación precisa 58

● INTRODUCCIÓN A LA TEORÍA MUSICAL 61

    La tablatura 62

    Las notas en el diapasón 64

    La duración de las notas 66

    El compás 68

    El pentagrama y la guitarra 70

● TÉCNICAS DE INTERPRETACIÓN 73

    Códigos básicos 74

    Las escalas musicales 76

    Las escalas pentatónicas y de blues 78

    Teoría de los acordes 80

    Acordes tríadas 82

    Acordes con cejilla 84

    Secuencias de acordes 86

    Los acordes de quinta 88

    Efectos con la mano izquierda 90

La mano derecha 92

Acordes arpegiados 94

Técnicas de la púa 96

Técnicas de rasgueado 98

AMPLIAR LAS POSIBILIDADES 101

La guitarra eléctrica: un mundo fascinante 102

Tipos de amplificadores 104

Los pedales de efectos 106

El amplificador de prácticas 108

Accesorios 110

Ajustes de la guitarra eléctrica 112

Conectar la guitarra eléctrica al ordenador 114

Actuar en directo 116

Un paso más: la guitarra digital 118

LISTADO DE ACORDES 121

CANCIONES Y ACORDES 129

Índice de canciones 193

Presentación

La guitarra es un instrumento fascinante. Gracias a la gran variedad de modelos y sus tonalidades de sonido, este instrumento permite interpretaciones de todos los estilos, desde elegantes e íntimas piezas de música clásica hasta el rock más duro y ensordecedor. Los ídolos virtuosos de la guitarra eléctrica han arrastrado masas de fans en las épocas gloriosas del rock. Se puede afirmar incluso que la guitarra acústica de cuerdas de metal ha aportado su grano de arena a las revoluciones y reivindicaciones populares, puesto que es el instrumento preferido de los cantautores desde hace varias generaciones.

Aprender a tocar la guitarra es el deseo de muchas personas, pero profundizar en el conocimiento del solfeo lo consideran un obstáculo. Por suerte, existen métodos para aprender a tocar la guitarra desde el primer momento mediante gráficos de acordes (tablatura).

En este libro hablaremos de la guitarra, sus orígenes, los diferentes modelos y su utilización en la práctica. Dedicamos especial atención a la guitarra eléctrica, que ha llegado a ser un instrumento al alcance de todos y que, además, se ajusta perfectamente a nuestra era digital.

Daremos las primeras pautas para empezar a tocar con soltura canciones conocidas acompañadas de acordes y explicaremos las técnicas básicas del guitarrista.

Sin duda, usted disfrutará con este libro, que le proporcionará una buena base para aprender, avanzar y perfeccionar su estilo. Al mismo tiempo le ofrecerá la oportunidad de impresionar a su familia y amigos con unas interpretaciones casi profesionales.

Introducción a la guitarra

- Origen de la guitarra
- La guitarra clásica
- La guitarra eléctrica
- La guitarra acústica de cuerdas de metal
- La guitarra de tapa arqueada

Origen de la guitarra

Según la teoría convencional, el antecesor directo de la guitarra es el «ud», un instrumento traído a España por los árabes tras la invasión de la península Ibérica en el siglo VIII. Aunque se sabe que un instrumento de cuatro cuerdas parecido a la guitarra era utilizado por los hititas (que habitaban en una región entre Asia Menor y Siria) hacia el año 1400 a. C. Este instrumento se caracterizaba por sus lados suaves y curvos, uno de los rasgos básicos de cualquier instrumento identificable como predecesor de la guitarra. Por lo que respecta a su nombre, deriva del árabe *qitara*, y éste a su vez de la voz griega *kithara*, *cithara* en latín, cítara.

Mezcla de influencias

Es posible que después de la llegada de los árabes a la Península la *cithara* romana y el *ud* arábigo se mezclasen e influenciasen mutuamente durante varios siglos, aunque no existe documentación específica al respecto.

Ya en el siglo XIII pueden distinguirse dos tipos de guitarra: por un lado, la guitarra morisca o mandola, con forma de media pera y similar al laúd árabe, con fondo redondeado, mástil ancho y varias incisiones en la tapa para la salida del sonido; y por otro, la guitarra latina derivada de las antiguas cedras o cítaras, con el fondo plano, una sola boca y un mástil más estrecho, unida por aros con mango largo, y un clavijero semejante al del violín.

El siglo XV

De la evolución de la guitarra latina surgieron en el siglo XV dos instrumentos, la vihuela y la guitarra. El primero de ellos era un instrumento de cuerda pulsada, con un mástil más largo, diez u once trastes y seis órdenes (cuerdas dobles). La vihuela se convirtió en el instrumento preferido de las cortes española y portuguesa y mantuvo su popularidad hasta

finales del siglo XVII, cuando los instrumentos orquestales y de teclado se hicieron más populares. En cambio, la guitarra de cuatro órdenes se tenía por un instrumento de uso popular.

El nombre de vihuela y guitarra se suele confundir a veces (ocurría incluso en esa época). Habrá que esperar a mediados y finales del siglo XVII para empezar a diferenciarlas.

Primeras obras para guitarra

La primera obra para guitarra aparece en los tres libros de música para vihuela publicados en Sevilla, en 1546, por Alonso Mudarra. Fue también durante el siglo XVI cuando se le añadió una cuerda más a la guitarra, el quinto orden, dando lugar a la llamada «guitarra barroca». Este cambio proporcionó mayor flexibilidad y amplitud sonora a la guitarra y así aprovechó el potencial del repertorio que le habían legado sus predecesores.

En el siglo XVII empezaron a escribirse obras específicas para guitarra y a alternarse el rasgueado con la utilización de los dedos de forma independiente, desarrollando así su capacidad polifónica.

Evolución de las cuerdas

La vihuela y el laúd ensombrecieron a la guitarra hasta finales del XVI, pero cuando se añadieron demasiadas cuerdas al laúd, éste se hizo muy difícil de tocar; a la vez, la vihuela iba siendo reemplazada poco a poco por la guitarra de cinco o seis cuerdas.

A finales del siglo XVIII y principios del XIX algunas guitarras usaban seis cuerdas simples y empleaban unas barras de refuerzo debajo de la tapa armónica para reforzar la estructura, con lo que se pudo adelgazar la tapa para obtener mayor resonancia y una mejor distribución del sonido a lo largo de la tapa armónica. Otros adelantos contemporáneos incluían el uso de un mástil reforzado y elevado de madera de ébano o palisandro, así como la aparición de un mecanismo de tornillo metálico en lugar de las clavijas de madera para afinar. Estas guitarras serían reconocidas como las primeras guitarras clásicas.

En España la popularidad de la guitarra sufrió varios altibajos. Logró imponerse a finales del siglo XVI y se desarrolló plenamente en el siglo XVII; en el siguiente siglo perdió parte del favor del público, que se vería nuevamente renovado a través de la figura del padre Basilio, quien hacia 1760, fue el primero en escribir música para guitarra en la notación musical moderna, además de presentar la guitarra de seis cuerdas. Pero la aparición del piano volvió a relegar la guitarra a un segundo plano y pasó a convertirse en un instrumento de simple pasatiempo.

A mediados del siglo XIX la guitarra resurgió de manera ya irreversible gracias a dos personas: Antonio Torres Jurado y Francisco de Tárrega. Antonio Torres rediseñó la guitarra dándole unas características similares a las guitarras que hoy conocemos. Por su parte, Francisco de Tárrega mostró por primera vez todas las posibilidades musicales de este instrumento e impulsó a los músicos más importantes de la época a componer para guitarra, situándola, de esta manera, entre los instrumentos musicales más importantes por derecho propio.

La guitarra clásica

La guitarra clásica o española es la más conocida de las guitarras. Tiene su origen en la vihuela, un instrumento muy parecido que se utilizaba en el siglo XVI.

El puente

Fabricado en palo de rosa, el puente de la guitarra clásica está situado en la parte frontal de la caja. Por unos agujeros creados en el puente pasan las cuerdas, que se fijan mediante un anudamiento especial.

Fijación de las cuerdas al puente de una guitarra clásica.

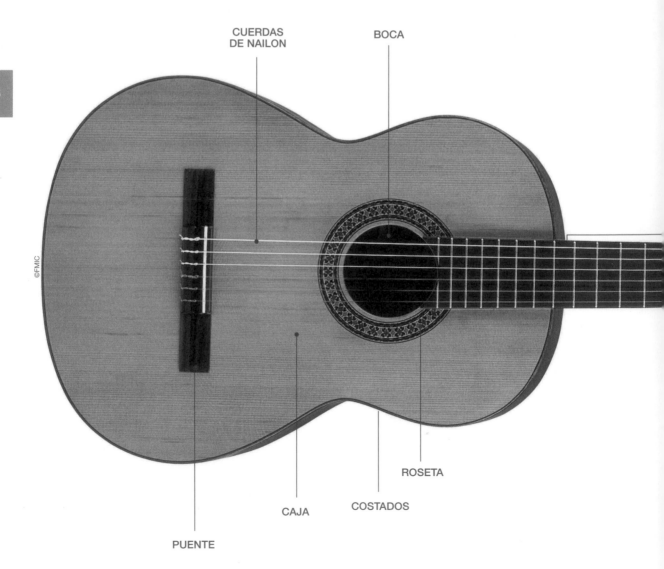

CUERDAS DE NAILON

BOCA

©FMIC

ROSETA

CAJA

COSTADOS

PUENTE

El clavijero

Esta pieza se compone de dos espacios alargados atravesados por tres husillos cada uno. A los lados del clavijero se encuentran unos mecanismos con tornillos que sirven para tensar las cuerdas. Cada fabricante introduce ligeras diferencias estéticas para desmarcarse de sus competidores.

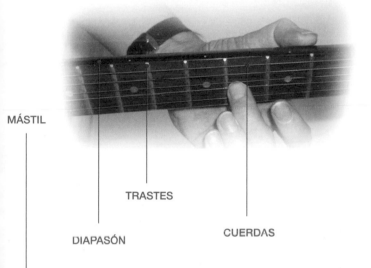

MÁSTIL

TRASTES

DIAPASÓN

CUERDAS

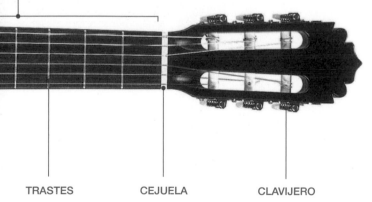

TRASTES   CEJUELA   CLAVIJERO

La roseta dibujada alrededor de la boca suele ser un diseño exclusivo y único de cada fabricante.

La guitarra eléctrica

La guitarra eléctrica se diferencia de las demás por tener el cuerpo macizo, es decir, no está hueca por dentro, de ahí que en inglés se denomine *solid-body*. El movimiento de las cuerdas crea campos magnéticos en unas «pastillas» (*pick-ups*) que los transforman en electricidad. A través de un amplificador y un altavoz, las frecuencias eléctricas se transforman en sonido.

GUITARRA CUTAWAY

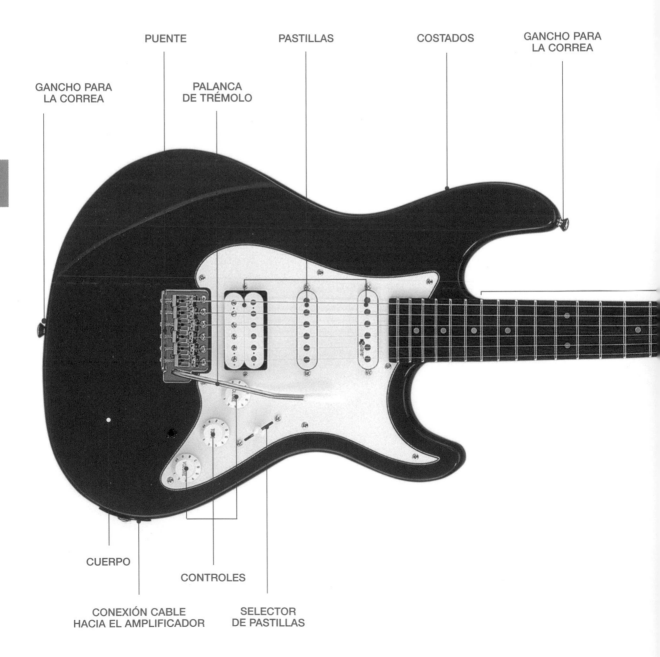

PUENTE

PASTILLAS

COSTADOS

GANCHO PARA LA CORREA

GANCHO PARA LA CORREA

PALANCA DE TRÉMOLO

CUERPO

CONTROLES

CONEXIÓN CABLE HACIA EL AMPLIFICADOR

SELECTOR DE PASTILLAS

El cuerpo

El cuerpo de la guitarra eléctrica tiene una forma peculiar bien conocida; sin embargo, gracias a sus características técnicas puede tener cualquier forma de fantasía.

Los recortes a la forma curva habitual en la guitarra se llaman *cutaways* y se sitúan a uno o ambos lados del cuerpo. Su función es ayudar a que los dedos accedan a los trastes más altos. En la superficie delantera se encuentran las pastillas, diversos controles y un enchufe para el cable del amplificador.

El clavijero

El clavijero de la guitarra eléctrica tiene las mismas características que el clavijero de la guitarra acústica, aunque su forma es diferente. Por lo general, los tornillos se encuentran colocados en diagonal a un lado del clavijero.

El puente y la palanca de trémolo

El puente de la guitarra eléctrica es muy diferente al de los otros modelos de guitarras. En las guitarras tipo *Stratocaster*, por ejemplo, las cuerdas pasan desde el dorso de la caja por el puente. El puente dispone de un sistema adicional de ajustes y puede incorporar una palanca de trémolo para efectos especiales de sonido. Esta palanca es un elemento estándar en varios modelos de guitarra, y en otros, se puede añadir después.

19

MÁSTIL   TRASTES

MECANISMO DE AFINACIÓN

DIAPASÓN   CEJUELA   CLAVIJERO

FERNANDES

La guitarra acústica de cuerdas de metal

La guitarra acústica se diferencia sustancialmente de la guitarra clásica; las cuerdas de la guitarra acústica son de metal y por la tensión que éstas generan, el mástil se ha reforzado con una varilla de metal colocada en su interior. Estas guitarras suelen tener, además, un golpeador en la caja.

CAJA

BOCA

PUENTE

GOLPEADOR

COSTADO

El clavijero

El clavijero de la guitarra acústica es sólido, no tiene los espacios propios del de la guitarra clásica. Los tornillos para tensar las cuerdas están en la parte posterior. Unas barritas lo atraviesan. Las cuerdas se enrollan en la parte frontal.

El puente

Al igual que en la guitarra clásica, el puente está situado en la parte frontal de la caja. Las cuerdas se introducen en unos orificios y se fijan mediante unos pivotes.

Fijación de las cuerdas al puente de una guitarra acústica.

DIAPASÓN   TRASTES   CLAVIJERO

MÁSTIL   CEJUELA

Algunos fabricantes producen réplicas exactas de guitarras que han hecho historia, como esta guitarra acústica que lleva la firma de Elvis Presley.

21

La guitarra de tapa arqueada

En la época del auge del jazz, la guitarra formaba parte de las grandes orquestas de jazz, las «big band». Para conseguir más volumen de sonido, se creó la guitarra de tapa arqueada con unos orificios en forma de f. Esta guitarra disponía de un sonido muy potente y su tecnología estaba basada en la del violín.

Posteriormente los fabricantes añadieron pastillas a estas guitarras, dotándolas así de un sonido característico.

Gretsch, uno de los primeros fabricantes de guitarras de tapa arqueada, se pasó a las eléctricas en 1950 y creó modelos espectaculares en colaboración con los guitarristas Jimmy Webster y Chet Atkins.

El cuerpo

El cuerpo de las guitarras eléctricas de tapa arqueada no es sólido; su forma es más parecida a la de una guitarra acústica. La tapa tiene forma arqueada (en inglés *arch-top*) y a menudo tiene orificios en forma de f. Dispone también de un golpeador hecho de un material distinto al de la caja.

El clavijero

El clavijero es parecido al de la guitarra acústica, con un diseño que puede variar según el fabricante. Puede tener alguna cenefa decorativa, pero generalmente lleva grabado el nombre del fabricante y el modelo.

La Gibson Super 400 fue uno de los primeros modelos de guitarra de tapa arqueada.

Actualmente se siguen fabricando modelos muy atractivos, como esta Gretsch White Falcon.

©FMIC

©FMIC

Los primeros modelos míticos de guitarras eléctricas de tapa arqueada se han convertido en objeto de deseo para muchos guitarristas. Actualmente se producen réplicas para poder atender a la demanda.

El puente

En este tipo de guitarras las cuerdas no van fijadas al puente, sólo se apoyan en él. La fijación de las cuerdas se efectúa a un cordal que se encuentra en el extremo de la caja. Este cordal lleva también el mecanismo de la palanca de trémolo.

Las pastillas y los controles

La función de las pastillas y de los controles es la misma que en las otras guitarras eléctricas.

©FMIC

El modelo 6120 de Gretsch fue introducido a mitad de los años cincuenta y ha puesto, desde entonces, su sello particular en la música popular, el country, el jazz y el pop.

Los tipos de guitarra en detalle

- Construcción de una guitarra
- La guitarra pieza a pieza
- Comprar una guitarra
- Evaluar una guitarra antes de comprar
- Elegir la mejor guitarra clásica
- Comprar una guitarra acústica de cuerdas de metal
- Partes principales de la guitarra acústica
- Comprar una guitarra eléctrica
- Los orígenes de la guitarra eléctrica
- La tecnología de la guitarra eléctrica

Construcción de una guitarra

La construcción de una guitarra es una labor artesanal y laboriosa por parte del *luthier*, nombre que recibe el constructor de instrumentos de cuerda. En el proceso pueden invertirse entre cincuenta y cien horas, dependiendo del modelo y de la climatología.

El trabajo del *luthier* se basa en la acumulación de años de experiencia y en los secretos y técnicas legados de generación en generación. Los mejores *luthiers* españoles se encuentran en Valencia, Granada, Sevilla, Almería, Madrid y Guadalajara.

Las fases de la construcción

Antes de fabricar la guitarra existe un largo proceso de preparación de la madera. Cada parte de la guitarra necesita su propia madera, que puede proceder de diferentes lugares del mundo. Las maderas que se van a emplear se sierran, se secan de forma natural y se almacenan a una temperatura y humedad específicas durante un periodo aproximado de diez años, algunas requieren incluso cerca de treinta.

Para empezar, se preparan las chapas de madera que van a conformar los aros de la guitarra, esto es, los laterales. La madera se dobla con una plancha caliente después de haberla tenido unas horas en agua y se moldea delimitando su longitud.

Colocación de los laterales de la guitarra.

Después se prepara cada una de las piezas: mástil, tapa armónica, puente, diapasón, etc.

La tapa armónica se recorta y se le encolan las barras armónicas. Luego se deja secar el conjunto a presión hasta que quede perfectamente unido. A continuación, se coloca la cenefa y se unen el mango y la tapa armónica procurando que la alineación sea perfecta.

Las barras armónicas van pegadas a la tapa.

La unión entre tapa y mango necesita mucha precisión.

El siguiente paso es colocar los aros sobre la tapa armónica y pegar los peones y las cadenas que dan a la guitarra su forma característica. Luego, se encola el fondo de la guitarra y todo el conjunto se sujeta con gomas para evitar deformaciones. En tres horas se habrá secado.

Una vez seca se colocan los perfiles decorativos de los bordes para adornarla, así como el diapasón y el puente, y se da forma definitiva al mango.

A continuación, se lija todo el conjunto y se barniza con gomalaca. El proceso de lijado y barnizado se repite de ocho a diez veces (según el tipo de madera) hasta que el acabado es perfecto; este proceso puede durar un mes y medio, aproximadamente.

La roseta decorativa da a la guitarra parte de su identidad.

Una vez que la guitarra está barnizada, se colocan los trastes en el mango y se atornilla el clavijero. Si la guitarra es flamenca, se coloca el golpeador. Con el clavijero ajustado se realiza la prueba de fuego: la colocación de las primeras dos cuerdas, la primera y la sexta. Si el sonido es el adecuado, la guitarra ha pasado la prueba y se procede a colocar el resto de las cuerdas.

En el taller del *luthier* se necesitan herramientas específicas para la construcción de guitarras.

La guitarra pieza a pieza

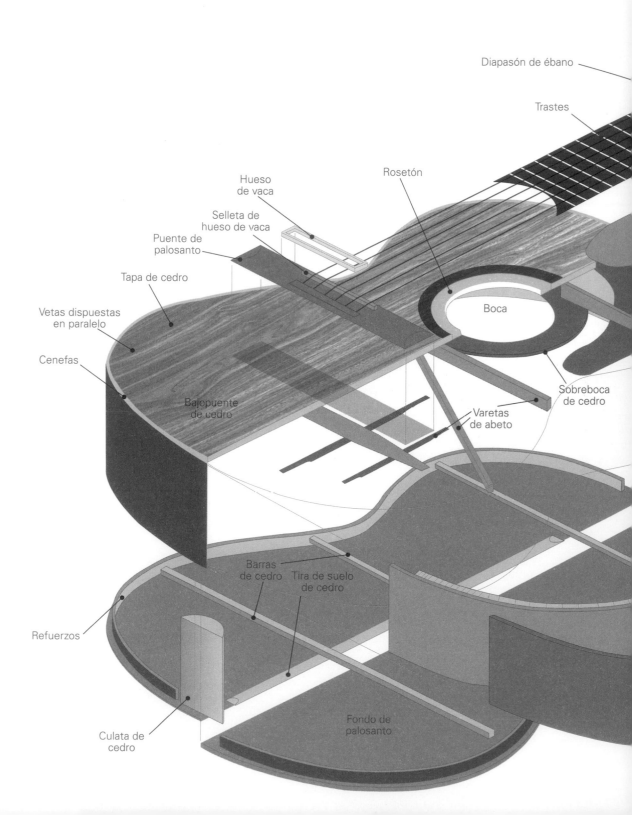

Diapasón de ébano

Trastes

Hueso de vaca

Selleta de hueso de vaca

Puente de palosanto

Tapa de cedro

Rosetón

Boca

Vetas dispuestas en paralelo

Cenefas

Bajopuente de cedro

Sobreboca de cedro

Varetas de abeto

Barras de cedro

Tira de suelo de cedro

Refuerzos

Culata de cedro

Fondo de palosanto

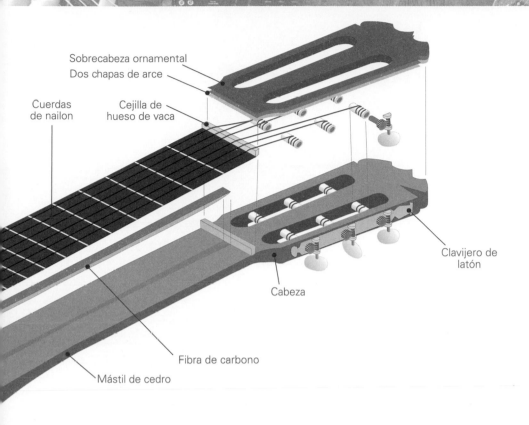

Sobrecabeza ornamental

Dos chapas de arce

Cuerdas de nailon

Cejilla de hueso de vaca

Clavijero de latón

Cabeza

Fibra de carbono

Mástil de cedro

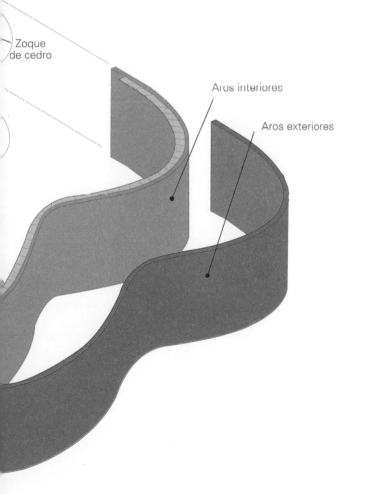

Zoque de cedro

Aros interiores

Aros exteriores

Comprar una guitarra

Comprar una guitarra es, ante todo, una cuestión de gusto personal. La mejor compra suele ser el instrumento que desde el primer momento da confianza y aquel del que uno se enamora a primera vista. El instrumento ha de llamar la atención por su tacto y por su sonido, aunque los aspectos estéticos también son muy importantes, sobre todo cuando se tiene la intención de actuar en público. Es mejor invertir en un instrumento que convenza totalmente que conformarse con uno más económico que no es exactamente lo que se busca. Hay que tener en cuenta que un buen instrumento proporciona años de placer, mientras que una elección equivocada puede ser una continua fuente de disgustos.

La tienda de música

A la hora de comprar una guitarra no hay que ir con prisas. Es mejor visitar con tranquilidad varias tiendas y pedir que le dejen probar algunas guitarras. El trato que se recibe en la tienda es, además, un buen indicador del servicio que pueden dar después; hay que tener en cuenta que, si se paga un poco más en esta tienda que tan buen trato ha dado, luego se recuperará en servicio y consejos valiosos.

Los vendedores de las tiendas suelen ser guitarristas ellos mismos, por lo que las recomendaciones que dan están basadas en su experiencia.

Sin embargo, elegir un instrumento conlleva el problema adicional de que la tienda tiene su propia acústica y nunca sabrá cómo sonará su guitarra en casa.

Los tipos de guitarras y el coste

Si se está totalmente seguro de que se quiere comprar una guitarra, entonces hay que saber cuál elegir.

A grandes rasgos se puede elegir entre tres tipos de guitarras: la guitarra clásica o española, apta para tocar música clásica y flamenco; la guitarra acústica con cuerdas de metal, usada en música folk y country; y la guitarra eléctrica, para música pop y rock.

La guitarra eléctrica necesita también un amplificador, así que hay que tener en cuenta el gasto suplementario que ello implica.

Una guitarra clásica de cuerdas de nailon es una excelente opción si no se quiere gastar mucho. Estas guitarras tienen el diapasón más ancho, lo que facilita el aprendizaje. No es recomendable elegir los modelos más económicos, porque la calidad de su construcción es muy baja, la guitarra se desafina y a la larga resulta más difícil tocar una guitarra económica que una más cara.

No se recomienda al principiante empezar a tocar la guitarra con una de cuerdas de metal, porque puede llegar a ser bastante doloroso.

La guitarra acústica de cuerdas de metal tiene más volumen que la guitarra clásica, y su diapasón es más estrecho. La dureza de las cuerdas de metal hace que no sea un instrumento recomendable para el principiante.

Existen modelos de guitarras eléctricas económicos a partir de 200 euros y se puede comprar un amplificador pequeño a partir de 100 euros. Estos pequeños amplificadores tienen potencia suficiente para tocar en casa. Para tocar en un grupo se necesita más potencia; un amplificador para actuaciones puede costar 1.000 euros y una guitarra eléctrica profesional unos 4.000 euros. Una guitarra eléctrica siempre necesita una toma de corriente para el amplificador, lo que limita la movilidad.

No está mal evaluar los instrumentos de segunda mano. Un instrumento usado puede significar un ahorro considerable en un instrumento de calidad.

Para asistir a clases de guitarra no es necesario disponer de una, pues en la mayoría de escuelas de música tienen guitarras que pueden prestar o alquilar durante las primeras semanas. Si después de las primeras semanas de clase uno descubre que lo de la guitarra no es lo suyo, no se habrá comprado un instrumento para nada.

Una de las grandes dudas del principiante: ¿guitarra clásica o eléctrica?

Los fabricantes de guitarras eléctricas han creado auténticas joyas a las que es difícil resistirse.

Evaluar una guitarra antes de comprar

No es fácil comprar una guitarra, por ello le ofrecemos unos consejos básicos sobre los aspectos técnicos más importantes que hay que tener en cuenta. De todas maneras, cuando se vaya a comprar el instrumento es mejor ir a la tienda acompañado de un amigo o familiar que tenga más conocimientos. Entre los dos será más fácil hacer una buena elección.

Aspectos técnicos

Lo primero que hay que hacer para examinar una guitarra es comprobar, mediante un examen visual, que el mástil esté recto. Para ello hay que coger la guitarra como si fuese un fusil y mirar a lo largo del mástil; si está torcido, se verá inmediatamente. Otra forma de detectar este defecto es apretar la primera cuerda (la más fina) en los trastes 1 y 12 simultáneamente; la cuerda así apretada deberá estar perfectamente paralela al mástil. Si se tiene buen oído musical, se puede hacer otra prueba para comprobar que la guitarra está bien construida: tocar cada cuerda al aire y luego en el traste 12. La distancia es de una octava exacta y la afinación entre ambas notas debe ser perfecta.

Los acabados

Los acabados de la guitarra también son importantes en el momento de decidir la comprar. Es conveniente pasar la mano por los laterales del diapasón, no sea que sobresalga algún traste que pueda causar molestias en el futuro. Hay que hacer un repaso exhaustivo y asegurarse de que todas las piezas de la guitarra encajan.

Hay que observar la altura de las cuerdas encima del traste 12. Debe haber un máximo de 6 mm de distancia. Si la distancia es mayor, se necesitará más fuerza para apretar las cuerdas y no se tocará a gusto.

También es importante mover la guitarra y golpear la caja por ambos lados para verificar que no hay piezas sueltas.

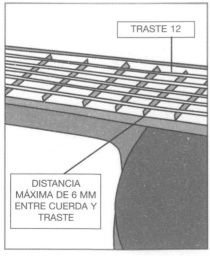

TRASTE 12

DISTANCIA MÁXIMA DE 6 MM ENTRE CUERDA Y TRASTE

Ésta es la forma de comprobar si el mástil de una guitarra está torcido.

Hay que repasar bien los acabados y asegurarse de que todas las piezas encajan.

Si decide comprar una guitarra de segunda mano, también deberá observar que los trastes no estén gastados.

Tacto

Evidentemente, el tacto de la guitarra es un factor decisivo para optar por un modelo u otro. Hay que sentirse a gusto con ella; el guitarrista ha de sentir que se acopla perfectamente a su cuerpo.

Sonido

Los materiales utilizados en la construcción de una guitarra clásica definen el sonido de la guitarra, ya que la calidad del sonido es directamente proporcional a la de los materiales empleados. De todas formas, siempre es el usuario el que decide si le gusta el sonido, independientemente de la marca, los materiales y el precio de la guitarra.

Elegir la mejor guitarra clásica

La mejor opción para quien se inicia es la guitarra clásica española. Cuando llega el momento de comprarla, se descubre que existe una gran variedad de calidades y fabricantes; por eso, antes de elegir, hay que meditar muy bien qué tipo de música se va a tocar para hacer una elección a medida.

La elección

Un célebre guitarrista clásico contó una vez que a lo largo de su carrera había comprado más de veinte guitarras, no todas buenas, pero que las malas elecciones le ayudaron a elegir mejor más tarde. Para saber si lo que se paga por una guitarra es realmente su precio justo, la única manera es conocer el precio de venta general. Pero la elección no sólo se debe basar en el precio, pues un precio elevado no siempre es sinónimo de calidad y aún menos de satisfacción personal. Este último punto es el que se debe tener realmente

en cuenta a la hora de tomar una decisión definitiva. Lo principal es saber lo que uno necesita, siempre a partir de dos parámetros ineludibles: el sonido y la comodidad.

Sonido

Hay que valorar si el sonido es del agrado de quien elige, sin importar si es novato o si su oído no está demasiado desarrollado. No hay que dejarse seducir por una decoración llamativa, sino que hay que prestar atención a la calidad del sonido, que es lo que, a la larga, nos va a dar satisfacción.

El aspecto visual de la guitarra clásica seduce a muchos compradores.

Para valorar el sonido hay que fijarse en el tono: las notas altas han de tener una buena definición y las notas graves deben mostrar una resonancia limpia. A continuación se debe atender al volumen. Lo habitual es que ambos aspectos vayan a la par; si el instrumento tiene un buen volumen, también tendrá un buen tono y viceversa. Hay que confiar siempre en el oído.

Prueba

El segundo aspecto es la facilidad o dificultad que presenta la guitarra a la hora de practicarla. Tal vez sea necesaria la ayuda de un experto, porque si el sonido es bueno, pero resulta complicado tocarla, la compra no merece la pena. Una guitarra puede ser difícil de tocar porque su «acción» (la distancia entre las cuerdas y el diapasón) es alta. La guitarra ideal tiene una «acción baja», es decir, las cuerdas están cerca del diapasón, una posición más cómoda para tocar. No obstante, hay que saber que una acción baja puede producir lo que se conoce como «trasteo» (es decir, la cuerda en vibración roza con algún traste). Por ello conviene examinar los trastes de todas las cuerdas para confirmar que ninguno «trastee».

¿De qué depende el precio?

El precio puede variar por diversas razones. La primera suele ser la marca, sin importar la calidad de los materiales, el diseño o la estructura de sus componentes. Muchos compradores se dejan influir por el prestigio o la publicidad que rodea a un fabricante y no siempre tienen en cuenta detalles más importantes. La segunda razón puede ser que todas sus partes están hechas de forma artesanal; es decir, en lugar de estar ensamblada, está elaborada a mano por un profesional experto, un *luthier*. Cuando un *luthier* pone su firma en una guitarra quiere decir que está garantizada y que siempre que

En una buena tienda de música uno puede encontrarse con una amplia gama de guitarras. Es recomendable dejarse aconsejar y tomarse el tiempo necesario para decidir.

se necesite hacer un ajuste de importancia se puede acudir a él, pues es quien mejor conoce el instrumento. Para comprobar si una guitarra está correctamente fabricada se deben examinar atentamente las uniones y la roseta.

No hay que tener prisa en el momento de elegir la guitarra, que deberá adaptarse perfectamente a las necesidades del usuario. Es preferible perfeccionar las habilidades como intérprete con una guitarra a la medida del usuario, que volver a cambiar de instrumento porque hubo precipitación en la compra.

Existe la posibilidad de acudir a material de segunda mano. Con paciencia y confianza en los conocimientos adquiridos se puede detectar si un precio está inflado o avala con justicia la calidad de la guitarra; la paciencia es fundamental para conseguir lo que uno desea.

Lo mejor es ir a una tienda especializada en guitarras clásicas para tener mayores posibilidades de elección.

Comprar una guitarra acústica de cuerdas de metal

Las guitarras acústicas de cuerdas de metal son muy populares en los países anglosajones. La diferencia entre una guitarra clásica y una acústica reside en el sonido: más apagado y dulce en la clásica, más metálico y brillante en la acústica.

Una buena guitarra acústica mejora con el paso de los años, así que su compra es una buena inversión. La madera se va curando con el tiempo, haciendo que su estructura celular se asiente y el instrumento adquiera un tono peculiar. El sonido gana en brillo y calidad, lo que explica que su precio aumente, como ocurriría con un buen reserva. Actualmente el mercado ofrece una gran variedad de formas y tamaños.

Primeras impresiones

Antes de escoger una guitarra acústica es necesario centrarse en lo que realmente es imprescindible para tocar con comodidad. Para ello, hay que conocer los diferentes tipos de madera, sus rasgos sonoros y por qué se emplea una y no otra. También es fundamental que el instrumento presente un buen acabado. La compra de una guitarra es una inversión que puede aportar grandes satisfacciones o desilusiones, por tanto, conviene tener en cuenta varios factores para que la decisión sea la más acertada.

La tapa

Es la parte fundamental, ya que es la que genera el sonido, pues está en contacto directo con el puente y es el principal receptor de las vibraciones de las cuerdas. Puede compararse al cono de un altavoz, que determina el tono y el timbre del instrumento. El mejor material para la tapa es la madera de picea, que se reconoce por su color claro, aunque no tan pálido como la madera de arce. Otras maderas habituales son las de pino, cedro y roble.

Conviene comprobar que sea regular y uniforme y se aprecie la veta perfectamente. La superficie no debe tener ningún bulto, orificio extraño o arañazos, sino que debe ser totalmente lisa al tacto y sin defectos.

La estética de la música country ha marcado el diseño de muchos modelos de guitarras acústicas.

Costados y parte trasera

El resto de la caja, es decir, el lateral y la parte trasera, ejercen una función similar a la de la caja de un altavoz, proporcionando tonos graves y profundidad al sonido de las cuerdas. Las maderas más utilizadas para su construcción son las de arce, caoba y palo de rosa. El arce, de color dorado y brillante, proporciona un sonido más nítido y luminoso; la caoba, por su parte, brinda un sonido dulzón; y la madera de palo de rosa, la más costosa de todas, ofrece una magnífica síntesis de las dos anteriores. Si la tapa de la guitarra es de contrachapado, es más que probable que esta parte también lo sea. Además, hay que comprobar que la sección trasera de la guitarra esté ligeramente arqueada para que el sonido salga bien de la caja y no se quede atrapado en las esquinas de la misma.

Prueba

Es importante probar varios modelos, ya que existen grandes diferencias a la hora de usar estas guitarras. La dureza de las cuerdas puede redundar en el ánimo del guitarrista principiante, que comprobará que unas guitarras son muchos más fáciles de tocar que otras gracias a una «acción» baja y unas cuerdas más blandas.

No siempre es palo de rosa lo que parece. Aun así podemos estar ante una guitarra con un sonido impecable.

Partes principales de la guitarra acústica

La guitarra acústica tiene las cuerdas de metal. Estas cuerdas ejercen una fuerte tensión en la estructura de la guitarra, que puede llegar a deteriorarse si no es de excelente calidad. El comprador debe examinar todas las partes con atención y fijarse bien en los acabados y en los materiales utilizados para la construcción del instrumento.

El interior

En la etiqueta de la marca debe figurar el número de serie y la fecha de fabricación. Las estrías de sujeción son otro detalle importante en el que hay que fijarse; conviene saber que existen dos técnicas diferenciadas para colocarlas. La primera o tradicional, consiste en colocar los listones como si fueran los radios de una rueda de bicicleta. La segunda, desarrollada por la empresa Martin, se trata de colocar dos listones de madera en forma de cruz que recorren longitudinalmente toda la extensión de la tapa por dentro. Cualquiera de los dos procedimientos es perfectamente válido y tanto en un caso como en el otro es primordial que estén firmemente pegados y sin restos de cola o virutas que puedan afectar al sonido final.

El lateral de la guitarra está unido al resto del cuerpo por medio de unas cuñas con forma de cremallera que recorren todo el interior. Hay que comprobar que no haya roturas, abolladuras o imperfecciones en la madera que hayan podido pasar inadvertidas desde el exterior. Las estrías rotas se detectan al tocar, pues producen un molesto traqueteo en la caja fácilmente perceptible, aunque lo cierto es que este defecto rara vez se produce.

El puente

Cualquier orificio o bulto es una señal evidente de que la tensión de las cuerdas hace que el puente se esté desprendiendo de la tapa de la guitarra. El puente tiene que estar firmemente pegado a la tapa. Esto se puede comprobar intentando introducir un trozo de papel fino o algo similar entre ambos; el papel no debe poder entrar. Tampoco tiene que haber restos de cola en los bordes y la selleta tiene que estar entera y sin ninguna señal o arañazo.

Hay que comprobar que el puente esté firmemente fijado a la tapa.

El diapasón

Los materiales más utilizados para fabricar el diapasón son el ébano y el palo de rosa. La primera madera es más dura que la segunda y, por lo tanto, tiene un tono más brillante, aunque es más propenso a quebrarse. Ambas se distinguen fácilmente por el color: el ébano es mucho más oscuro que el palo de rosa; no es raro descubrir que muchas guitarras económicas lucen un diapasón de palo de rosa pintado de negro para imitar al ébano. Para distinguirlas basta decir que el palo de rosa es una madera más porosa y de veta más abierta.

Hay que fijarse bien en los acabados del mástil, el diapasón y los trastes.

Materiales del mástil

El mástil es la otra pieza importante de la guitarra. Las maderas más utilizadas para su construcción son las de caoba y arce; éste tiene un sonido más brillante que la caoba, pero, por el contrario, es más dado a deformarse. Los fabricantes (especialmente Fender) han hallado una solución dividiendo el mástil en dos piezas longitudinales de arce, y colocando una fina capa de caoba en medio a modo de sándwich para darle mayor estabilidad.

Unión de mástil y cuerpo

En la mayoría de las guitarras acústicas, el mástil va ensamblado al cuerpo mediante una doble unión en forma de cola de milano. Esta unión afecta directamente a la entonación del instrumento. Para comprobar su buen estado se recomienda tocar por la parte baja del mástil del traste 12 al 16 y comprobar los armónicos de la guitarra.

Clavijero

La pala debe tener un aspecto uniforme y las clavijas han de mantener la misma distancia de separación, girar libremente y estar firmemente sujetas a la pala, sin ningún tipo de holgura. Las mejores clavijas son las que van encapsuladas, ya que están autolubricadas; al no exponer el mecanismo al exterior se evitan muchos problemas.

Comprar una guitarra eléctrica

Cuando uno se plantea comprar una guitarra eléctrica, es fácil centrarse exclusivamente en la elección de la guitarra y olvidar los accesorios imprescindibles para su buen funcionamiento. Estos accesorios pueden generar un coste adicional que posiblemente no estaba previsto en el presupuesto.

Una guitarra eléctrica, al contrario que una guitarra acústica o una clásica, no puede tocarse sin un amplificador. Accesorios adicionales como correas, púas y cables son tan importantes como la propia guitarra, por tanto, hay que incluirlos en el presupuesto. En las tiendas de música es posible encontrar equipos completos que incluyen guitarra, amplificador, correa, púa, libro de instrucciones, etc. Estos lotes son de una calidad razonable, aunque esto depende de la marca escogida.

A la hora de decidirse por la compra de un equipo completo es recomendable dejarse aconsejar por un guitarrista experto para que él nos ayude a valorar la calidad y acabado de los materiales. Una mala compra puede dificultar el aprendizaje e incluso que en poco tiempo haya que comprar otra guitarra.

Un lote completo de guitarra, amplificador y accesorios puede ser la solución ideal para el principiante.

No hay que dudar en pedir consejo a conocidos y amigos guitarristas; ellos recomendarán marcas, tipos de guitarras y amplificadores, y ayudarán a tomar la mejor decisión según las necesidades del aprendiz.

El cuerpo

La madera con la que se ha construido el cuerpo es determinante para obtener un buen sonido en la guitarra eléctrica.

Los cuerpos de las guitarras más económicas pueden estar fabricadas con madera de chopo, mientras que las más caras lo estarán con madera de caoba, fresno, arce o nogal.

do más lleno; éstas son las más adecuadas para la música rock.

Puede ser interesante comprar una guitarra eléctrica que disponga de ambos tipos de pastillas, ya que así se consigue una gama de sonidos más amplia.

Sistema de trémolo

Algunas guitarras eléctricas incluyen una palanca de trémolo, que permite más creatividad al músico. Para un principiante este sistema es poco recomendable, porque puede dificultar el cambio de cuerdas y la afinación del instrumento.

Las pastillas

Las pastillas de la guitarra eléctrica convierten la vibración de las cuerdas en impulsos eléctricos. El tipo de pastillas condiciona el sonido que producirá la guitarra. Existen muchos tipos de pastillas; las más comunes son las pastillas Single Coil, de bobina simple, que producen un sonido limpio y plano, y las pastillas Humbucker, de bobina doble, con un soni-

La guitarra eléctrica no se puede utilizar sin aparatos adicionales. A la hora de decidir comprarla, se deben tener en consideración los gastos suplementarios que esto conlleva.

Los orígenes de la guitarra eléctrica

La guitarra eléctrica apareció cuando se intentaba conseguir más volumen de sonido para las guitarras acústicas. A partir de todo tipo de experimentos y después de solventar un sinfín de problemas, se dio con una nueva clase de guitarra que supuso una revolución en el mundo de la expresión musical.

El nacimiento

En el intento de conseguir mayor volumen de sonido se emplearon guitarras clásicas españolas con un transductor, es decir, las guitarras electroacústicas. Más tarde se construyeron guitarras cuyas cajas no reproducían el sonido, sino que éste era creado por corrientes eléctricas generadas en unas pastillas. Así tuvo lugar el nacimiento de un instrumento totalmente nuevo y con un sonido característico.

Las primeras guitarras eléctricas datan de los años treinta, y son fruto de los esfuerzos de empresas como Rickenbacker y Vivi Tone Company.

A mediados de esta década fue cuando se desarrolló la primera guitarra eléctrica Gibson. Estas guitarras eran generalmente guitarras acústicas de tapa arqueada que disponían de una amplificación eléctrica y reguladores de volumen y tono.

El gran auge

Pero el verdadero auge de las guitarras eléctricas se inició después de la Segunda Guerra Mundial.

En aquellos tiempos la mayoría de los fabricantes construían guitarras electroacústicas. En este tipo de guitarra la vibración de las cuerdas pasa a la tapa del instrumento y, mediante un transductor, las vibraciones se amplifican eléctricamente.

Las guitarras Gibson Les Paul llevan impresa la firma de su inventor.

Les Paul

El guitarrista Les Paul introdujo un cambio drástico. Él tenía el convencimiento de que el sonido no debía ser generado por las vibraciones de la tapa de la guitarra, sino que las mismas cuerdas debían generar los impulsos eléctricos. Les Paul fue el primero en construir una guitarra con caja sólida; esta caja no absorbía la energía de las cuerdas y las dejaba vibrar más tiempo, de esta manera, el sonido de las cuerdas pasaba directamente a la pastilla.

Sin embargo, los grandes fabricantes no mostraron mucho interés en estas guitarras de cuerpo sólido y siguieron fabricando guitarras electroacústicas.

El mítico Fender

Pero el desarrollo no cesó. Paul Bigsby y Leo Fender seguían con la construcción de guitarras de cuerpo sólido. En 1948 Fender creó el modelo Broadcaster, cuyo nombre cambió después a Telecaster, y en 1950 salió al mercado la mítica Stratocaster que incorporaba una palanca de trémolo.

Las pastillas Humbucker de doble bobina, además de eliminar las interferencias, tienen un sonido muy diferente al de las pastillas de bobina única.

Debido al uso extendido de las guitarras eléctricas en estudios de radio, Gibson desarrolló las pastillas Humbucker, que permitían tocar a un volumen más bajo y sin zumbido.

Aun así, los músicos seguían buscando nuevas maneras de amplificar el sonido de las guitarras acústicas sin ver disminuida la calidad. Los micrófonos eran incómodos y generaban molestos ruidos adicionales. La solución estaba en el transductor piezoeléctrico que, colocado en el puente, recoge y amplifica el sonido a la perfección.

©FMIC

La Fender Telecaster del año 1966 tenía todavía un aspecto artesanal.

La tecnología de la guitarra eléctrica

La guitarra eléctrica dispone de varios botones y palancas que la hacen diferente de cualquier guitarra acústica. Los elementos eléctricos son imprescindibles, ya que la guitarra eléctrica apenas produce sonido por sí sola. Los botones y controles tienen diferentes funciones; será su correcto uso el que marque la calidad del sonido que produce la guitarra.

Las pastillas

Las pastillas convierten la vibración de las cuerdas en impulsos eléctricos que a su vez se convierten en sonido a través del amplificador. La mayoría de las guitarras eléctricas dispone de una o más pastillas con diferentes funciones; por ejemplo, algunas sirven para acompañamientos, mientras que otras se utilizan para tocar solos. La pastilla que se encuentra cerca del mástil suena más suave que la que se encuentra cerca del puente, cuyo sonido es más punzante y rico en sobreagudos.

Los controles

En las guitarras eléctricas existen unos controles de volumen y otros de tonos graves y agudos. El control de volumen altera el nivel de salida del sonido. El control de tono actúa como un filtro, determinando un tono. Algunas guitarras cuentan con más controles.

El selector de pastillas

Es un interruptor en forma de palanca. Accionándola se puede seleccionar la pastilla que se desee. También permite combinar la señal de dos pastillas para conseguir una amplia gama de sonidos.

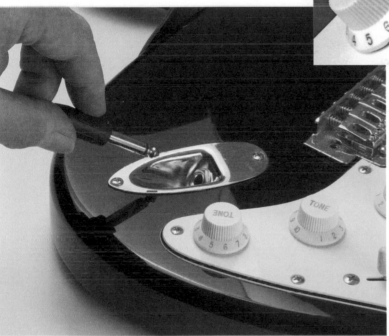

La conexión con el amplificador

La guitarra eléctrica en sí no necesita toma de corriente para funcionar. Su tecnología está basada en la generación de impulsos eléctricos en unas bobinas. Estos impulsos, o señales, necesitan ser amplificadas para convertirse en sonido audible, por eso cada guitarra eléctrica dispone de una conexión de salida al amplificador.

Guía básica de utilización y mantenimiento

- Mantenimiento de la guitarra clásica
- Limpieza y cuidados de la guitarra eléctrica

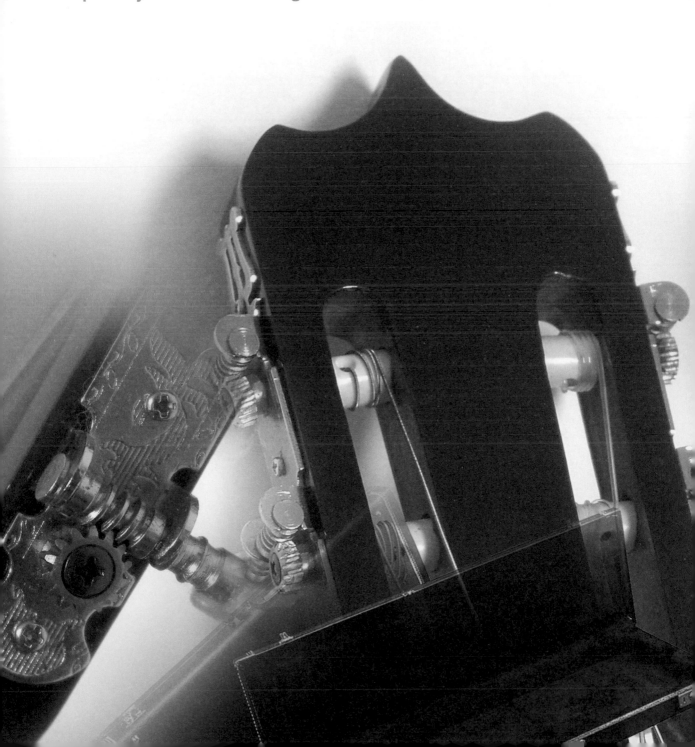

Mantenimiento de la guitarra clásica

La guitarra, como todo producto de artesanía fabricado con madera, requiere unos cuidados específicos para mantenerla en buen estado y que el paso del tiempo no modifique irreversiblemente la calidad de su sonido.

Temperatura y humedad

La madera es un material muy sensible a los cambios de temperatura, por eso nunca hay que exponer una guitarra a temperaturas extremas. Hay que evitar dejarla al sol o una noche de invierno en el coche, y luego en casa colocarla junto al radiador.

La humedad es otro enemigo de la guitarra, por lo que hay que protegerla de la lluvia. Para mantener estable el nivel de humedad cuando se encuentra dentro de su funda, existen unas bolsitas con sales de silicato pensadas para todo tipo de materiales delicados que deben estar protegidos de la humedad.

Transporte

Para transportar la guitarra conviene hacerlo guardada en una funda o una maleta rígida, sobre todo si hay que trasladarla a menudo; cuando no se va a utilizar, se debe buscar un rincón protegido y procurar colocarla sobre un pie.

Limpieza

Después de tocar se debe limpiar la caja, el espacio entre las cuerdas y el diapasón con una gamuza suave; a menudo basta con pasar primero un trapo de algodón limpio humedecido con agua tibia y después otro completamente seco. Para los trastes se requiere un líquido especial, aunque esto dependerá del material con que estén fabricados. Algunas guitarras necesitan que se les aplique un poco de aceite inmediatamente después de limpiarlas.

Cambiar las cuerdas

Si se practica la guitarra muy a menudo, se hará evidente que con el tiempo, las cuerdas van perdiendo su sonido. En estos casos es aconsejable cambiarlas cada tres meses. Existen diferentes tipos de cuerdas clasificadas según su tensión. Al tocar con cierta intensidad, las cuerdas llamadas «de tensión baja» pueden tocar los trastes, lo que produce ruidos molestos. Las cuerdas se limpian

Para transportar la guitarra es imprescindible una buena maleta o funda protectora que la proteja de golpes y cambios bruscos de temperatura.

Es importante dominar la técnica de cambiar las cuerdas y conocer la forma de enrollarlas.

con un trapo de algodón humedecido y lo más adecuado es hacerlo una por una, envolviendo la cuerda con el paño y recorriendo toda su longitud para eliminar los restos de sudor o suciedad.

Mantenimiento de los mecanismos

Si el mecanismo de las clavijas va muy duro, aplicaremos una gotita de aceite lubricante. Con un pincel fino se puede eliminar el polvo que se acumula en los orificios de las clavijas y para el interior de la caja de resonancia se puede usar un aspirador de mano, procurando siempre no causar ningún daño al instrumento.

CONSEJO

Al comprar la guitarra es importante no olvidarse de preguntar al proveedor cuál es el mejor procedimiento de limpieza para mantener nuestro instrumento en buenas condiciones y si son necesarios ciertos productos específicos para garantizar al máximo una buena conservación.

Los mecanismos necesitan un cuidado especial, ya que se encargan de mantener la guitarra afinada.

Limpieza y cuidados de la guitarra eléctrica

La guitarra eléctrica requiere un cuidado específico. Su construcción y acabado es distinto del de la guitarra clásica y tiene, además, partes eléctricas y mecánicas. Su uso también difiere, pues se emplea para otros estilos de música.

Limpieza

Se recomienda limpiar el cuerpo de la guitarra con productos especiales, sobre todo las partes metálicas, que deben limpiarse con un paño o una crema pulidora. El producto más adecuado vendrá determinado por el acabado de cada guitarra. Asimismo, los controles han de mantenerse en buenas condiciones para que no chirríen y si lo hacen, debe emplearse un *spray* especial; si esto no es suficiente, se deberá acudir a un técnico. Para la limpieza del diapasón y los trastes existen también productos específicos.

Mantener las cuerdas limpias es fundamental para garantizar un buen sonido. Para alguien que empieza es importante adoptar el hábito de limpiar el cuerpo y las cuerdas de la guitarra después de cada sesión, antes de guardarla en su estuche.

Para aquellos que actúan en público es recomendable limpiar el cuerpo de la guitarra antes de actuar, pues si se toca en un escenario, los focos reflejan las huellas dactilares u otras manchas. Un diapasón de madera clara también debe mantenerse limpio, pues acumula suciedad en las áreas de más contacto con las manos.

Las fundas de nailon son muy prácticas para el transporte y la protección de la guitarra.

Los equipos completos de limpieza para guitarra se pueden adquirir en los establecimientos especializados.

Viajar

Para transportar la guitarra eléctrica se puede usar una funda de nailon. Estas fundas disponen de varias correas para poder llevar la guitarra en la mano o a la espalda. Para viajes en avión o si se da la circunstancia de llevar una guitarra valiosa, es preferible usar una maleta rígida forrada con un acolchado interior (*flight case*). En este caso no hay que olvidarse de marcarla con el nombre y dirección de su propietario ni de colocar la etiqueta de «frágil».

Cuerdas

Es siempre conveniente tener a mano un juego de cuerdas de reserva. Existen juegos de cuerdas de varios grosores; las cuerdas más gruesas dan un sonido más lleno, pero son más difíciles de tocar.

Algunos ejemplos de juegos de cuerdas son:
Extra light (008)
Light (009)
Regular (010)
Medium (011)
Jazz (012)

Los mecanismos de una guitarra eléctrica necesitan un mantenimiento cuidadoso.

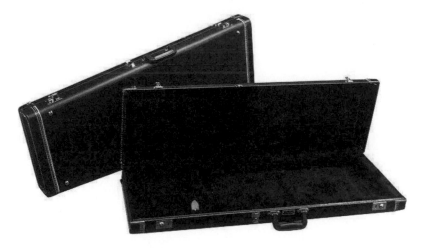

Para los guitarristas que van de gira existen maletas rígidas que garantizan que la guitarra viaje con total seguridad.

Prepararse para tocar

- La postura correcta
- Afinación básica
- Afinación precisa

La postura correcta

La postura para tocar es, ante todo, una cuestión personal relacionada con la complexión física del intérprete y con su sensación de comodidad; independientemente del tipo de guitarra y del estilo de música que se va a interpretar existen unas normas básicas.

Postura normal sentada

Ésta es la postura que elige, por comodidad, la mayoría de los principiantes, ya que resulta natural y permite mantenerse relajado. El intérprete apoya la parte estrecha de la guitarra en su pierna derecha y coloca el antebrazo derecho en el borde de la caja. El mástil se inclina ligeramente hacia arriba para que la mano izquierda pueda deslizarse con facilidad por el diapasón. Esta posición es la habitual para tocar la guitarra acústica de cuerdas de acero.

Postura clásica sentada

Esta postura es la norma en la música clásica. La guitarra se apoya sobre la pierna izquierda y el mástil permanece más inclinado hacia arriba.

Es conveniente el uso de un reposapiés ajustable para conseguir la inclinación correcta de la pierna izquierda. Esta postura permite una gran libertad a la mano izquierda y es adecuada para todos los estilos de música, preferentemente para guitarras con las cuerdas de nailon.

Para la postura clásica sentada se apoya la guitarra en la pierna izquierda. Es conveniente el uso de un reposapiés.

En la postura normal sentada se apoya la guitarra en la pierna derecha.

El reposapiés ajustable es un accesorio recomendable.

La postura de pie

Las guitarras eléctricas de cuerpo macizo se tocan casi siempre de pie. El intérprete debe hacer uso de una correa para sujetar el instrumento a su cuerpo. Hay que comprobar que la correa esté bien fijada a la guitarra y que no esté torcida.

Hay que hacer pruebas hasta encontrar la altura que resulte más cómoda, teniendo en cuenta que la mano izquierda debe poder recorrer todo el mástil fácilmente y sin movimientos forzados de la muñeca, y que el brazo derecho no se encuentre en una posición incómoda. De todas maneras, se debe procurar no colgar la guitarra demasiado baja y evitar que el mástil esté inclinado hacia arriba.

La posición sentada para la guitarra eléctrica

La guitarra eléctrica se puede tocar sentado, excepto algunos diseños de caja que sólo se tocan de pie. La posición sentada para la guitarra eléctrica es igual a la posición normal para la guitarra acústica, pero con el instrumento más pegado al cuerpo. Se apoya la guitarra en la pierna y se busca una buena colocación para las manos. La mano y la muñeca izquierdas estarán en una posición distinta a cuando se toca de pie; si en el futuro se tiene intención de tocar de pie, es preferible practicar siempre en esta posición.

CONSEJOS

Un taburete o una silla de respaldo vertical son los asientos más apropiados para tocar sentado. Los sofás, las camas y otras superficies blandas son muy cómodas pero perjudican el rendimiento.

La indumentaria también es importante. Unas mangas anchas pueden rozar las cuerdas, influir en el sonido y estorbar los movimientos del brazo; los botones pueden chocar con la caja y ocasionar ruidos indeseados.

Afinación básica

Para estudiar guitarra es de suma importancia que el instrumento esté siempre perfectamente afinado. Una guitarra mal afinada puede causar mucha frustración y que con el tiempo se pierda la afición por tocar. Es recomendable comprobar la afinación muy a menudo, ya que existen diversas influencias externas que pueden afectar al sonido de la guitarra de forma negativa.

La nota de cada cuerda

Existen diferentes métodos para afinar la guitarra, pero antes de comenzar hay que conocer las notas que tiene que producir cada cuerda.

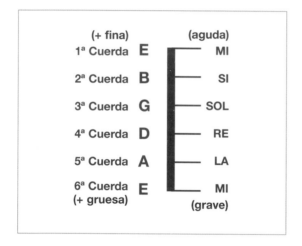

Las seis cuerdas de la guitarra van numeradas del 1 al 6. La cuerda 1 es la más fina y la 6, la más gruesa. Conviene memorizarlo porque en este libro se va a hacer alusión constantemente a las cuerdas por su número.

Cuando no se pisa ninguna cuerda con los dedos de la mano izquierda se dice que la cuerda suena «al aire».

Se empieza por la cuerda más gruesa, la 6. Esta cuerda debe dar la nota Mi (E) grave. La cuerda 5 da la nota La (A), la cuerda 4 es la nota Re (D), la cuerda 3 es la nota Sol (G), la cuerda 2 es Si (B). Y la última cuerda, la más fina, es la nota Mi (E) aguda.

En la guitarra clásica las tres cuerdas agudas (las tres más finas) son de nailon, mientras que las tres graves llevan un entorchado de metal.

Las guitarras se afinan mediante los mecanismos que se encuentran en el clavijero. Se puede afinar de oído, pero es mejor tener una o más notas de referencia para calibrar la tonalidad de la guitarra, sobre todo si se toca en un grupo acompañado de otros instrumentos.

Método básico de afinación

Hay que comenzar por la 6ª cuerda. Primero se afloja y luego se va subiendo hasta que produzca un sonido claro y limpio. Ya se puede considerar afinada.

Se pasa a afinar la 5ª cuerda, que después de aflojarla, como se ha hecho con la anterior, se va subiendo muy lentamente hasta que esta cuerda, tocada al aire (es decir, sin que la pise la mano izquierda), produzca el mismo sonido que la 6ª cuerda pisada en el traste 5. Una vez afinada la 5ª, se afinan las demás cuerdas de acuerdo con la siguiente tabla:

La 6ª cuerda pisada en el traste 5 produce el sonido que corresponde a la 5ª al aire.

La 5ª cuerda pisada en el traste 5 produce el sonido que corresponde a la 4ª al aire.

La 4ª cuerda pisada en el traste 5 produce el sonido que corresponde a la 3ª al aire.

La 3ª cuerda pisada en el traste 4 produce el sonido que corresponde a la 2ª al aire.

La 2ª cuerda pisada en el traste 5 produce el sonido que corresponde a la 1ª al aire.

Apretar la 6ª cuerda en el traste 5 y tocar la cuerda 6 y 5 simultáneamente.

Apretar la 4ª cuerda en el traste 5 y tocar la cuerda 4 y 3 simultáneamente.

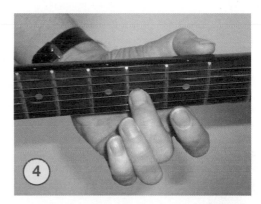

Apretar la 5ª cuerda en el traste 5 y tocar la cuerda 5 y 4 simultáneamente.

Apretar la 3ª cuerda en el traste 4 y tocar la cuerda 3 y 2 simultáneamente.

57

Apretar la 2ª cuerda en el traste 5 y tocar las cuerdas 2 y 1 simultáneamente.

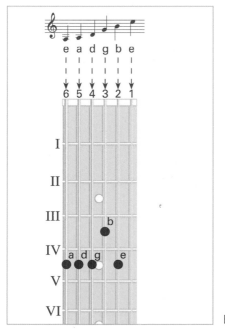

Esquema de afinación básica.

Afinación precisa

La afinación precisa utiliza uno o varios sonidos de referencia estandarizados. Mediante estos sonidos se puede conseguir que, tanto la guitarra como los otros instrumentos que forman un conjunto, tengan exactamente la misma afinación.

Para afinar con precisión existen todo tipo de accesorios, desde los diapasones de horquilla hasta los afinadores electrónicos, que controlan con exactitud la frecuencia de cada nota.

Con diapasón

El diapasón es una varilla metálica en forma de U. Al dar un golpe al diapasón, éste empieza a vibrar en una frecuencia precisa de 440 Hz, que equivale a la nota LA.

Después de golpear el diapasón se apoya con su base en la caja de la guitarra. Así se obtiene un sonido amplificado que ayudará a afinar.

Una vez oído el sonido de la nota LA, se pisa la 1ª cuerda en el traste 5 y se toca la cuerda. Si el sonido es diferente al del diapasón, se debe ajustar la cuerda hasta conseguir un sonido preciso. Una vez afinada la 1ª cuerda, se pueden afinar las demás con el método básico.

Con piano o teclado

Quienes dispongan de un piano o de un teclado pueden afinar la guitarra con ellos. Hay seis teclas en el piano que coinciden con las notas de las cuerdas de la guitarra. En la imagen se puede ver cuáles son y a qué cuerda aluden.

Con silbato afinador

En las tiendas de música venden estos prácticos silbatos de seis tonos. Cada uno representa el sonido de una cuerda de la guitarra tocada al aire. Mientras se sopla el silbato, se ajusta el tono de cada cuerda hasta que los dos tonos sean iguales.

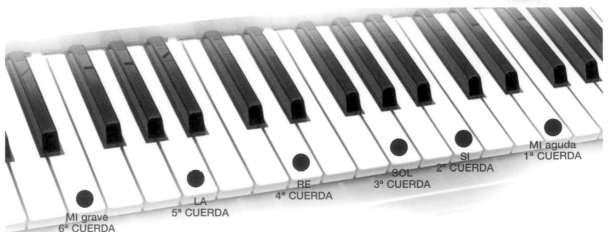

Con un afinador electrónico

El no va más de la precisión es un afinador electrónico. Tiene un micrófono incorporado que capta el sonido de la guitarra y analiza la frecuencia de la nota. Dispone de una entrada tipo *jack* para enchufar directamente la guitarra eléctrica y puede emitir un sonido con la nota exacta. Existen también otros modelos que se montan sobre la guitarra y captan las vibraciones de la madera.

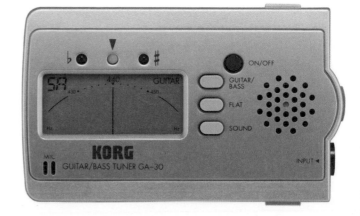

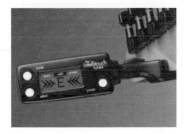

Con un ordenador

En Internet se pueden encontrar programas de ordenador para afinar la guitarra de forma rápida y exacta. Se puede descargar de forma gratuita desde varias páginas web. Mediante el micrófono captan el sonido de la guitarra e indican si está o no afinada.

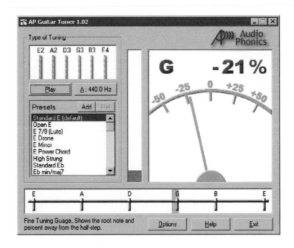

Introducción a la teoría musical

- La tablatura
- Las notas en el diapasón
- La duración de las notas
- El compás
- El pentagrama y la guitarra

La tablatura

La tablatura o cifrado es un sistema de intercambio de información musical entre aficionados a la guitarra que no precisa conocimientos de solfeo. Es un sistema al alcance de todos y de fácil comprensión. El sistema es apto para escribir piezas musicales, acordes, efectos y técnicas de la mano derecha.

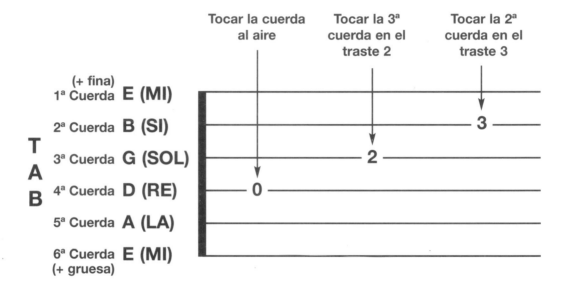

El sistema consiste básicamente en seis líneas horizontales que representan las cuerdas de la guitarra. La línea superior representa la cuerda de MI aguda, la 1ª cuerda. Para hacer la función de recordatorio se escribe al lado de cada línea el nombre de la cuerda que representa, según el sistema anglosajón (E, B, G, D, A, E).

Sobre las líneas se escriben números que indican en qué traste del diapasón hay que apretar una cuerda. Por ejemplo, un 1 en la primera línea significa que hay que apretar el traste 1 en la 1ª cuerda (un FA). Un 0 significa que se toca la cuerda al aire.

Tocar una melodía

La lectura de la tablatura es de izquierda a derecha. En la ilustración de abajo se muestra un ejemplo de cómo tocar una canción sencilla sobre una sola cuerda.

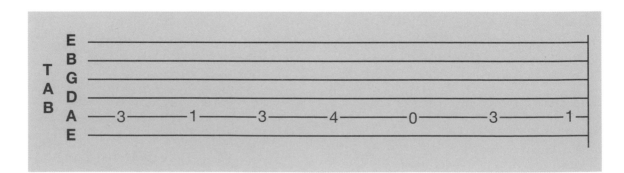

Una melodía que utiliza más cuerdas se escribe de la siguiente manera:

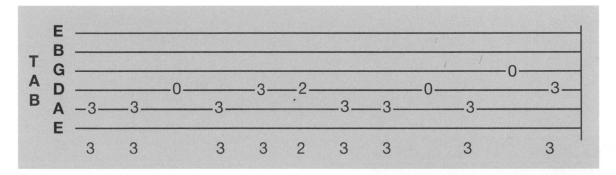

La duración de las notas

La tablatura puede dar una indicación de la duración de las notas; cuanto más separados estén entre sí los números, más dura la nota.

Acordes

Si los números se encuentran alineados verticalmente se deben tocar todas las notas a la vez. Ésta es la manera de escribir acordes. En el acorde de DO del ejemplo se ven claramente las cuerdas que se tocan al aire y la posición de los dedos en los trastes.

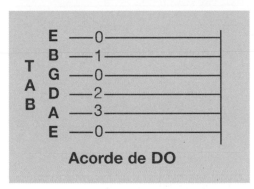

Acorde de DO

Rasgueado

Cuando hay que tocar las notas con un intervalo mínimo, se juntan los números en la tablatura. En el ejemplo se ve un acorde de DO tocado como un rasgueado.

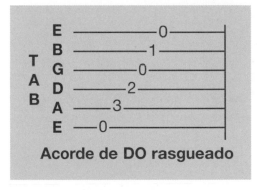

Acorde de DO rasgueado

Los dedos de la mano izquierda

En muchos casos se escribe debajo de la tablatura qué dedo hay que usar para cada nota.

El número 1 indica el dedo índice.
El número 2 indica el dedo corazón.
El número 3 indica el dedo anular.
El número 4 indica el dedo meñique.

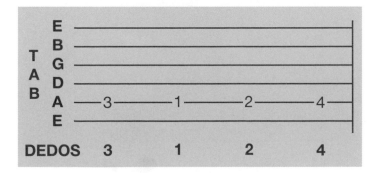

DEDOS   3   1   2   4

Las notas en el diapasón

El diapasón de la guitarra es la muestra idónea para aprender la teoría de las notas musicales y las escalas. Cuando se pisa una cuerda en el espacio entre dos trastes y se pulsa ésta con la mano derecha, la cuerda vibra entre el traste y el puente, dando lugar a una nota.

Cada traste del diapasón representa medio tono, así que un tono entero ocupará la distancia entre dos trastes.

La escala musical occidental tiene siete notas: DO, RE, MI, FA, SOL, LA y SI, con diferentes distancias (intervalos) entre ellas.

Si se conoce el nombre de las cuerdas al aire, resulta fácil deducir todas las notas en el diapasón.

Naturales, sostenidos y bemoles

Al tocar una melodía sobre una cuerda se nota la presencia de dobles espacios entre muchas de las notas del diapasón.

Esto tiene su origen en el hecho de que no todas las notas de la escala tienen los mismos intervalos entre sí. Entre MI y FA no hay espacio, al igual que entre SI y DO, porque la distancia entre éstas es de medio tono.

En el gráfico se pueden ver los espacios entre las notas sobre la cuerda LA. Esta cuerda al aire produce la nota LA. A dos espacios (un tono) se encuentra la nota SI; a un espacio (medio tono) la nota DO, etc. Se puede continuar hasta el traste 12, donde se vuelve a encontrar la nota LA en una octava más aguda.

64

El espacio entre cada traste del diapasón es de medio tono.

En los espacios entre DO y RE, RE y MI, FA y SOL, LA y SI se encuentran otras notas que se llaman «sostenidos» y «bemoles».

Así, la nota que se encuentra entre FA y SOL, puede llamarse de dos formas: FA sostenido (FA#) o SOL bemol (SOLb).

LA	SI	DO	RE	MI	FA	SOL	LA
1	1/2	1	1	1/2	1	1	

Las distancias entre las notas de la escala no son iguales.

Nomenclatura

Nuestra escala habitual es la de DO, RE, MI, etc. En el entorno anglosajón se utiliza la misma escala, pero nombrando las notas con letras: C, D, E, etc. En el siguiente cuadro se muestra la equivalencia:

DO	RE	MI	FA	SOL	LA	SI
C	D	E	F	G	A	B

La escala mayor de DO con los espacios entre las notas.

DO
1/2
SI
1/2
LA# - SIb —— 1
1/2
LA
1/2
SOL# - LAb —— 1
1/2
SOL
1/2
FA# - SOLb —— 1
1/2
FA
1/2
MI
1/2
RE# - MIb —— 1
1/2
RE
1/2
DO# - REb —— 1
1/2
DO

	I	II	III	IV	V	VI	VII	VIII	IX	X	XI	XII
MI	FA	FA#	SOL	SOL#	LA	LA#	SI	DO	DO#	RE	RE#	MI
SI	DO	DO#	RE	RE#	MI	FA	FA#	SOL	SOL#	LA	LA#	SI
SOL	SOL#	LA	LA#	SI	DO	DO#	RE	RE#	MI	FA	FA#	SOL
RE	RE#	MI	FA	FA#	SOL	SOL#	LA	LA#	SI	DO	DO#	RE
LA	LA#	SI	DO	DO#	RE	RE#	MI	FA	FA#	SOL	SOL#	LA
MI	FA	FA#	SOL	SOL#	LA	LA#	SI	DO	DO#	RE	RE#	MI

Éstas son todas las notas en el diapasón hasta el traste 12. Por razones de espacio no aparecen los bemoles.

La duración de las notas

Un aspecto muy importante de la interpretación musical con la guitarra es el tiempo. Dominar el tiempo, es decir, respetar la duración exacta de las notas, conocer el momento preciso en el que tocarlas y seguir un ritmo con exactitud son algunas de las cosas más difíciles para el guitarrista, así como saber medir y respetar el tiempo en el que no hay que tocar. Con la práctica el guitarrista logra dominar el tiempo y consigue un estilo limpio y preciso cuando toca.

Las notas

El solfeo dispone de una serie de símbolos que indican la duración de las notas y de los silencios. Como se ve en el gráfico de la derecha, cada símbolo tiene su nombre. La duración de cada figura es el doble o la mitad del siguiente.

Para conseguir más flexibilidad se puede añadir a una nota la mitad de su valor. Para indicarlo se añade un punto detrás de la nota.

FIGURA	NOMBRE	VALOR
‖○‖	Cuadrada	El doble de una redonda
○	Redonda	Mitad de una cuadrada El doble de una blanca
♩	Blanca	Mitad de una redonda El doble de una negra
♩	Negra	Mitad de una blanca El doble de una corchea
♪	Corchea	Mitad de una negra El doble de una semicorchea
♪	Semicorchea	Mitad de una corchea El doble de una fusa
♪	Fusa	Mitad de una semicorchea El doble de una semifusa
♪	Semifusa	Mitad de una fusa

66

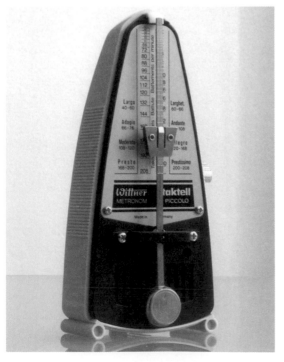

Un metrónomo puede ayudar en el aprendizaje de todo lo relacionado con la duración de las notas y el compás.

Los silencios

Para indicar la duración de los silencios hay otro tipo de símbolos. Su duración es equivalente a las notas que se han mencionado antes.

FIGURA	NOMBRE	SILENCIO
‖O‖	Cuadrada	
O	Redonda	
♩	Blanca	
♩	Negra	
♪	Corchea	
♪	Semicorchea	
♪	Fusa	
♪	Semifusa	

El compás

Los conocimientos anteriores sobre la duración de las notas se pueden aplicar al compás. El compás es una forma de dividir una pieza musical en partes iguales repetitivas. Un ejemplo muy claro es el compás del vals: UN-dos-tres, UN-dos-tres, etc. Este patrón consta de tres notas (negras) separadas por líneas divisorias en el pentagrama.

El compás

Una pieza musical puede tener diferentes estilos rítmicos. Un vals no es lo mismo que una pieza de rock, y una canción de salsa es muy diferente a una marcha militar. El compás es uno de los factores que marca la diferencia entre los estilos de música.

En la escritura musical se ponen líneas divisorias verticales para separar la pieza en partes iguales repetitivas. La cantidad de notas de un valor que se encuentran en estos espacios dan nombre al compás.

Un compás muy común es el 4/4 (se lee «cuatro por cuatro»). Significa que entre cada línea hay cuatro notas de 1/4, es decir, cuatro negras.

Poniendo el acento en la primera nota del compás, la pieza sonaría como sigue:
UN-dos-tres-cuatro, UN-dos-tres-cuatro, UN-dos-tres-cuatro, etc.

El compás, una vez establecido, es inamovible. Sin embargo, se puede variar la duración de las notas entre las líneas con una condición: que la suma de todos sea igual a cuatro notas de 1/4. Así, en lugar de cuatro notas de 1/4 puede haber una de 1, dos de 1/2, ocho de 1/8, etc.

Cualquier otra combinación de notas es válida, siempre que se respete el compás:

En este sistema también se pueden introducir silencios, respetando la misma regla.

Para practicar el empleo del compás y la duración de las notas es recomendable el uso de un metrónomo, pero también se puede marcar el compás con el pie. La duración de las notas se puede practicar tocando una de las cuerdas de la guitarra al aire.

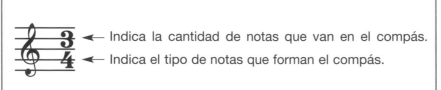

2 = 1/2 o BLANCA

4 = 1/4 o NEGRA

8 = 1/8 o CORCHEA

Todas las piezas de música llevan unas indicaciones sobre el compás al principio del pentagrama.

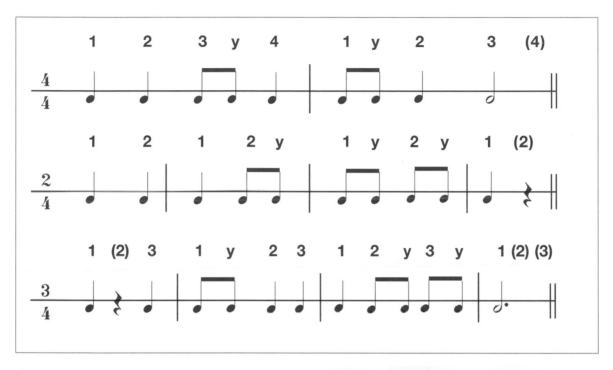

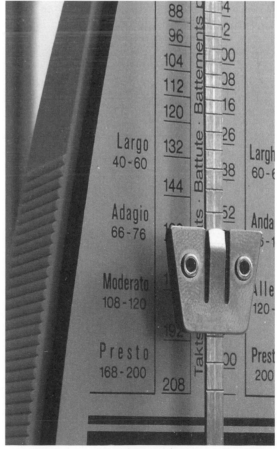

Antes de tocar una pieza musical es conveniente analizar su compás y su estructura, tocando el ritmo con la palma de la mano y pronunciando las notas según el ejemplo.

La velocidad de la pieza musical y la duración de las notas puede variar según el estilo. En las partituras generalmente hay unas indicaciones que coinciden con las que se encuentran en el metrónomo.

69

El pentagrama y la guitarra

Para progresar en el conocimiento de la guitarra es conveniente tener unas nociones básicas de solfeo y notación musical. El pentagrama es la base sobre la que se escriben las notas musicales y otros símbolos.

La guitarra tiene una tesitura muy amplia. La gama completa de notas que se pueden tocar en una guitarra llega desde el MI grave en la 6ª cuerda hasta el DO# en el último traste de la 1ª cuerda. En las guitarras eléctricas el alcance es aún mayor.

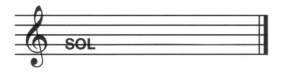

La clave de SOL se encuentra en la segunda línea del pentagrama.

La clave de SOL y la situación de las notas

La clave de SOL es el símbolo que se encuentra en la segunda línea desde abajo del pentagrama. Éste es su lugar. Las demás notas se colocan SOBRE y ENTRE las líneas del pentagrama y siguen su orden natural de la escala mayor. Para notas más altas o más bajas se colocan líneas adicionales encima o debajo del pentagrama, como muestra el gráfico inferior.

Para notas fuera del alcance del pentagrama se utilizan líneas adicionales.

Las cuerdas al aire sobre el pentagrama

Para orientarse sobre el pentagrama es necesario saber situar las cuerdas de la guitarra tocadas al aire para, a partir de ahí, deducir el lugar de las demás notas. (Esquema 1).

La escala de DO

La escala de DO se comienza a tocar en el traste 3 de la 5ª cuerda. A partir de allí se asciende para formar la escala de siete notas. (Esquema 2).

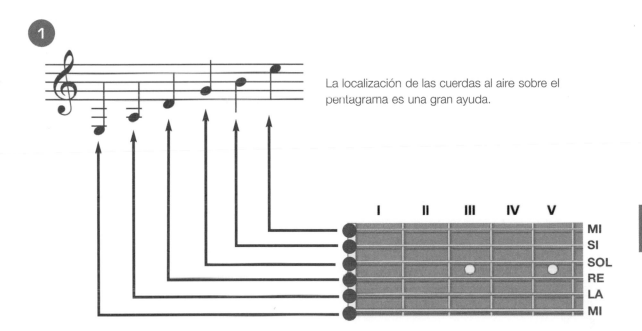

La localización de las cuerdas al aire sobre el pentagrama es una gran ayuda.

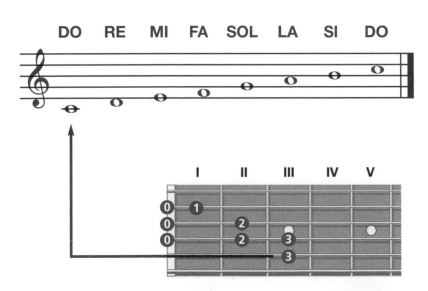

Técnicas de interpretación

- Códigos básicos
- Las escalas musicales
- Las escalas pentatónicas y de blues
- Teoría de los acordes
- Acordes tríadas
- Acordes con cejilla
- Secuencias de acordes
- Los acordes de quinta
- Efectos con la mano izquierda
- La mano derecha
- Acordes arpegiados
- Técnicas de la púa
- Técnicas de rasgueado

Códigos básicos

En todas las publicaciones sobre técnicas de guitarra se utilizan unos códigos generales para facilitar el entendimiento. Estos códigos suelen ser letras o números que indican partes de la guitarra o indican los dedos con los que hay que tocar.

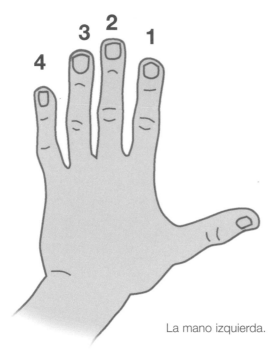

La mano izquierda.

Para aprender correctamente las técnicas de la mano izquierda es imprescindible disponer de un código que indique qué dedo de la mano izquierda debe tocar cada nota. Para ello, se ha asignado a cada dedo un número que se emplea posteriormente en los gráficos de acordes y se utiliza en el sistema cifrado (TAB).

1 Dedo índice.

2 Dedo medio.

3 Dedo anular.

4 Dedo meñique.

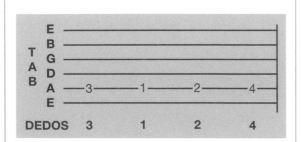

En el sistema cifrado se colocan los números de los dedos fuera del gráfico. Los números situados dentro hacen referencia al número de traste que hay que apretar. En este ejemplo coinciden los números de los trastes con los números de los dedos.

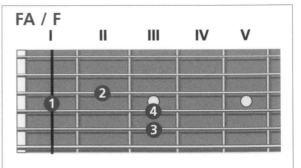

En los gráficos de acordes los números anotados sobre los trastes hacen referencia a los códigos de los dedos de la mano izquierda. Los números romanos indican los trastes donde hay que tocar.

Para hacer referencia a los dedos de la mano derecha se utilizan letras en lugar de números. Se emplean estas indicaciones sobre todo en el sistema cifrado para el aprendizaje de arpegios, escalas y melodías.

p Dedo pulgar.

i Dedo índice.

m Dedo medio.

a Dedo anular.

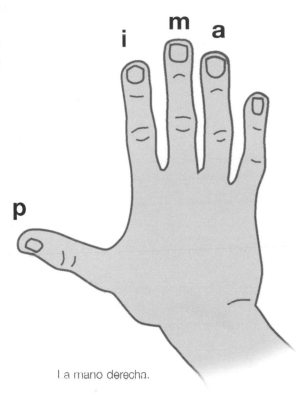

La mano derecha.

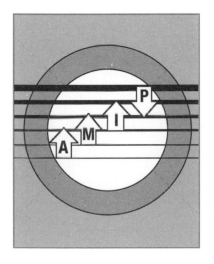

Éste es el sistema de letras para indicar la dirección en la que toca cada dedo mientras se ejecuta un arpegio.

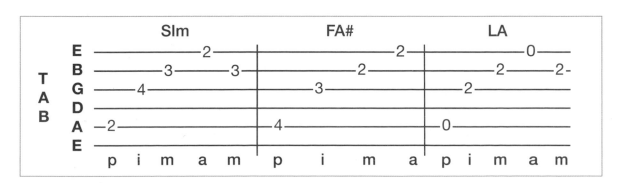

En el sistema cifrado queda bien claro cómo tocar un acorde arpegiado. Las letras que se encuentran en la parte inferior del gráfico indican con qué dedo de la mano derecha hay que tocar cada nota.

Las escalas musicales

Una escala musical es una secuencia de siete notas seguidas que se tocan una detrás de otra, en orden ascendente o descendente. Existen varios tipos de escalas musicales, que se distinguen por el hecho de que las distancias entre las notas varían. Al tocar estas escalas se puede notar una considerable diferencia de sonoridad.

La escala cromática

La escala cromática es la base de todas las escalas y contiene todas las notas posibles. En esta escala existe un intervalo de medio tono entre cada nota, que es el intervalo mínimo posible.

La nomenclatura de las notas está basada en la escala mayor; para nombrar todas las notas se ha tenido que recurrir a símbolos que indican si las notas son medio tono más alto o medio tono más bajo. Estos símbolos se llaman «sostenido», para indicar que la nota es medio tono más alto y «bemol», para indicar que la nota es medio tono más bajo.

Un buen ejemplo de una escala cromática lo muestra el diapasón de la guitarra. La distancia entre cada traste representa medio tono. Si se toca en una sola cuerda y se pasa de un traste a otro hasta el traste 12, se forma la escala cromática. En el traste 12 se encuentra la misma nota con la que se ha comenzado, pero una octava más alta.

La escala mayor

La escala mayor está formada por un grupo de siete notas de la escala cromática más la octava nota. Esta escala es la base de la música occidental. Se pueden observar los intervalos de la escala mayor en las ilustraciones. La escala mayor más conocida es la escala de DO.

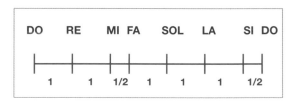

Los diferentes intervalos entre las notas de la escala mayor de DO.

El diapasón de la guitarra forma la escala cromática.

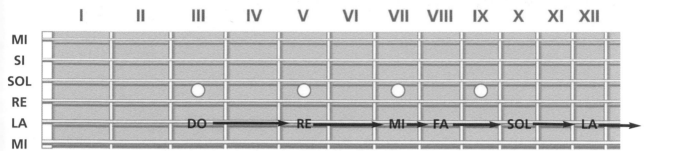

La escala de DO en una sola cuerda exige mucho esfuerzo.

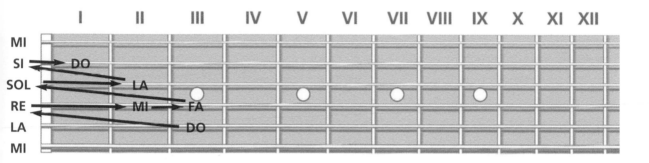

Saltando de una cuerda a otra se forma la escala con facilidad.

La escala mayor puede empezar en cualquier nota de la escala cromática, pero hay que respetar las distancias que forman la escala mayor, así que las otras escalas mayores van a tener por lo menos un sostenido o un bemol en ellas. Por ejemplo, una escala de RE mayor tendría las siguientes notas: RE, MI, FA#, SOL, LA, SI, DO#, RE.

La escala de DO mayor en la guitarra

Tocar una escala en una sola cuerda conllevaría un enorme desplazamiento de la mano. Por suerte, la guitarra tiene seis cuerdas y se pueden construir escalas saltando de una cuerda a otra sin apenas mover la mano. En el gráfico superior de la página se muestran dos ejemplos de cómo tocar la escala de DO en la guitarra.

Las escalas menores

La diferencia entre las escalas mayores y las escalas menores es el intervalo existente entre la primera y la tercera nota de la escala.

En el caso de las escalas mayores, el intervalo es de dos tonos y se llama «tercera mayor». En las escalas menores la distancia es sólo de un tono y medio, intervalo conocido como «tercera menor».

Tocar la escala de DO en una sola cuerda significaría un enorme desplazamiento de la mano, pero utilizando cuatro cuerdas y tres dedos apenas se necesita desplazarla.

Las escalas pentatónicas y de blues

Las escalas pentatónicas contienen cinco notas más la octava. Son escalas muy usadas en el rock, el country y el blues y una buena base para improvisar solos de guitarra.

LA ESCALA PENTATÓNICA MENOR

Esta escala se utiliza mucho en la música rock y en el blues. Los intervalos son:

1 1/2   1   1   1 1/2   1

La escala de DO menor pentatónica es así:

DO   Mlb   FA   SOL   Slb   DO

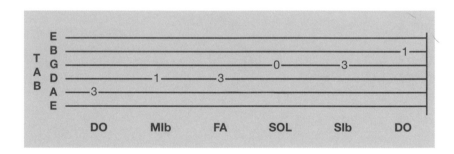

LA ESCALA PENTATÓNICA MAYOR

Los intervalos de la escala mayor pentatónica son:

1   1   1 1/2   1   1 1/2

La escala en DO mayor pentatónica tiene las siguientes notas:

DO   RE   MI   SOL   LA   DO

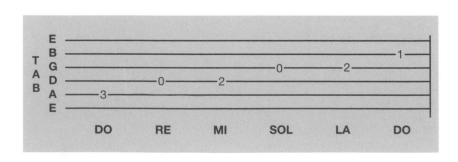

LA ESCALA DE BLUES

Esta escala es un derivado de la escala pentatónica, pero con seis notas más la octava.
Los intervalos de la escala de blues son:

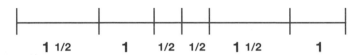

1 1/2   1   1/2   1/2   1 1/2   1

La escala de blues en DO es:
DO MIb FA FA# SOL SIb DO

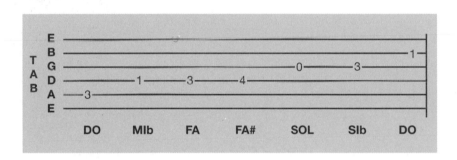

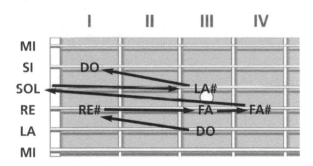

79

RECUERDE

= SOSTENIDO
(Medio tono más alto)

b = BEMOL
(Medio tono más bajo)

Las escalas de blues tienen una digitación relativamente fácil y son desplazables sobre todo el diapasón. Son escalas que se prestan mucho a la improvisación.

Es conveniente practicar a diario las escalas pentatónicas y de blues tanto de subida como de bajada, y probarlas en diferentes lugares del diapasón. Cuando se adquiere un poco de agilidad y se combinan con efectos como el *bending* el resultado es muy profesional.

Teoría de los acordes

La guitarra es un instrumento ideal para el acompañamiento de canciones mediante acordes. Para ello se utilizan todas o varias cuerdas a la vez. Los acordes se construyen con la mano izquierda y con la mano derecha se pulsan las cuerdas.

Qué es un acorde

Un acorde es un conjunto de tres o más notas que suenan a la vez. Cada una de estas notas recibe un nombre y tiene una función.

La primera nota, la que da nombre al acorde se llama tónica. En caso de un acorde de DO, la tónica es el DO. La segunda nota del acorde se llama 3ª o modal, y es la nota que determina si el acorde es mayor o menor. Corresponde a la tercera nota sobre la escala musical, partiendo de la primera. En el caso del acorde de DO, la 3ª o modal es el MI.

La tercera nota del acorde se llama 5ª o dominante. Es la quinta nota partiendo de la tónica, en este caso el SOL. Las tres notas DO, MI y SOL forman el acorde de DO.

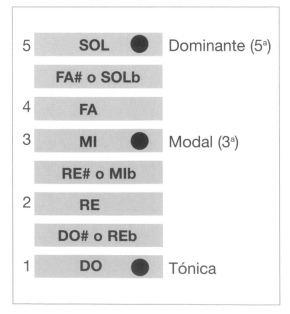

5	SOL	●	Dominante (5ª)
	FA# o SOLb		
4	FA		
3	MI	●	Modal (3ª)
	RE# o MIb		
2	RE		
	DO# o REb		
1	DO	●	Tónica

La formación de un acorde de DO sobre la escala musical.

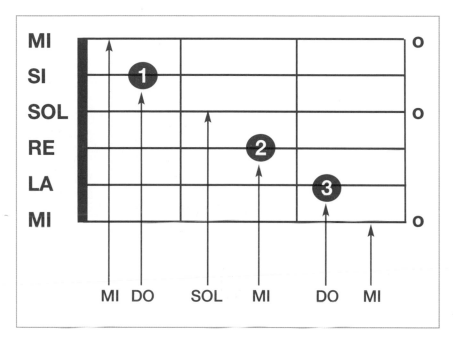

Un acorde de DO formado en las seis cuerdas de la guitarra sólo contiene tres notas diferentes: DO, MI y SOL.

En la guitarra se tocan estas tres notas con la mano izquierda. Cuando se empieza a tocar acordes, generalmente se tocan las seis cuerdas de la guitarra. Tocando el acorde de DO parece que se tocan más de tres notas, pero si se analizan las notas en cada cuerda, resulta que las notas son sólo tres, aunque repetidas en diferentes cuerdas y a diferentes octavas.

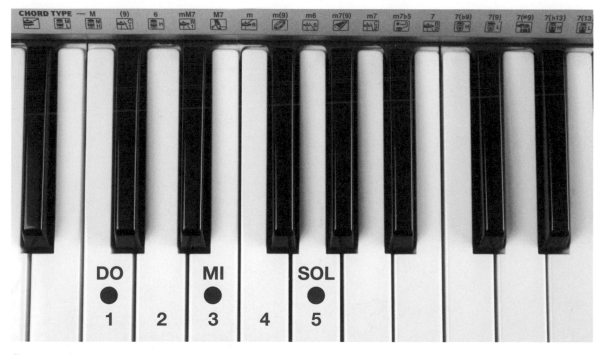

En el teclado de un piano se forman los acordes de la misma manera, pero de forma más «visual».

Acordes tríadas

Los acordes están formados por tres notas: tónica o fundamental, tercera y quinta. Estos acordes se pueden reunir en cuatro grupos: mayores, menores, disminuidos y aumentados. Hay que recordar que aunque se toque un acorde tríada con cuatro, cinco o seis cuerdas, en realidad sólo están sonando tres notas distintas, las demás están repetidas en diferentes octavas.

Inversión de acordes tríadas

Cada acorde tríada se puede encontrar en tres estados: en estado fundamental, en primera inversión y en segunda inversión. Un acorde está en estado fundamental cuando tiene como nota más grave su tercera. La primera inversión viene determinada por la voz más grave del acorde; y se encuentra en segunda inversión cuando tiene como nota más grave su quinta.

Para entender el funcionamiento de los acordes se utiliza la escala cromática. En ella se encuentran las notas que forman un acorde de la misma manera en que se ha construido la escala mayor, empezando por la nota tónica y subiendo para encontrar las otras dos notas del acorde.

El gráfico inferior muestra cómo están construidos los acordes mayores, menores, disminuidos y aumentados. Es muy importante fijarse bien, ya que la mayoría de los guitarristas aprenden a tocar acordes sin preguntarse jamás qué notas están tocando.

ESCALA CROMÁTICA

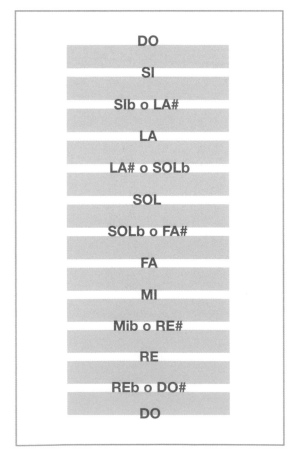

DO
SI
SIb o LA#
LA
LA# o SOLb
SOL
SOLb o FA#
FA
MI
Mib o RE#
RE
REb o DO#
DO

Mayor

T · 2 · 3 · 1½ · 5

Menor

T · 1½ · b3 · 2 · 5

Disminuido

T · 1½ · b3 · 1½ · b5

Aumentado

T · 2 · 3 · 2 · #5

ACORDES MAYORES

Para ver cómo construir un acorde mayor se ha tomado de ejemplo el acorde de SOL. Según se dibuja en el gráfico, hay que comenzar por la primera nota del acorde. La siguiente nota debe estar a dos tonos de la primera: de SOL a LA hay un tono, y de LA a SI hay otro tono; así que, de SOL a SI hay

dos tonos y por tanto SI es la segunda nota del acorde. La tercera nota debe estar a tono y medio: de SI a DO hay medio tono y de DO a RE hay uno; o sea, de SI a RE hay un tono y medio. Así, SOL, SI y RE forman finalmente el acorde de SOL.

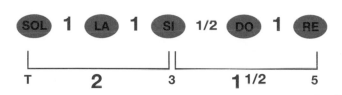

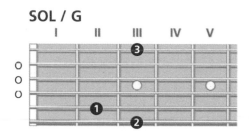

SOL / G

ACORDES MENORES

Para construir un acorde de SOL menor se empieza otra vez por SOL. Ésta es la primera nota del acorde. La siguiente nota debe ser un tono y medio más alto que SOL: de SOL a LA hay un tono; falta medio tono, que sería SIb. SIb es, entonces, la segunda nota en el acorde de SOL menor. Desde SIb hay que subir dos intervalos para encontrar la tercera

nota. Según el gráfico hay un tono de SIb a DO y otro de DO a RE. RE es entonces la tercera nota del acorde de SOL menor.

Observando bien se puede ver que la única diferencia entre el acorde mayor y menor reside en la tercera o modal, que baja medio tono. Sobre el teclado de un piano se hace muy evidente esta diferencia.

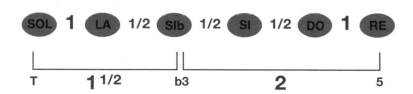

ACORDES DISMINUIDOS

Para construir un acorde de SOL disminuido (SOLdim) se empieza otra vez por SOL; subiendo un tono y medio está SIb.

Subiendo desde SIb otro tono y medio está REb. Las notas que forman entonces el acorde de SOL disminuido son SOL, SIb y REb.

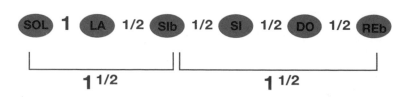

Acordes con cejilla

La mayoría de los acordes se pueden desplazar a lo largo del diapasón mediante la técnica de la cejilla. Esta técnica consiste en apretar con el dedo índice de la mano izquierda varias cuerdas a la vez, utilizando los demás dedos para formar el acorde.

Práctica

Los aficionados, cuando empiezan a tocar la guitarra, suelen tener bastantes dificultades para conseguir un sonido limpio de los acordes con cejilla. Esta técnica requiere mucha práctica y constancia. Para empezar se puede hacer el siguiente ejercicio: colocar el dedo índice estirado a lo ancho del diapasón, por ejemplo en el traste 5. A continuación hay que apretar con este dedo todas las cuerdas a la vez para hacer la cejilla. Después hay que rasguear las cuerdas con la mano derecha. El sonido de todas las cuerdas debe ser limpio, sin ruidos extraños ni trasteos.

Si no es así, hay que volver a colocar el dedo índice hasta encontrar la buena posición del dedo y el lugar correcto en el traste. Una vez que se obtiene un buen sonido, se desplaza el dedo unos trastes más arriba o más abajo hasta conseguir un buen sonido en todos los trastes del diapasón. Al principio se sentirá una sensación desagradable en el dedo por la forma antinatural de hacer fuerza pero ésta desaparece con el tiempo y la cejilla se formará con total naturalidad.

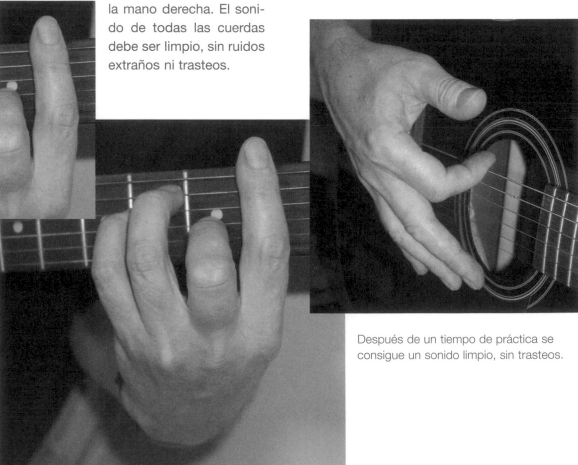

Después de un tiempo de práctica se consigue un sonido limpio, sin trasteos.

MIm / Em

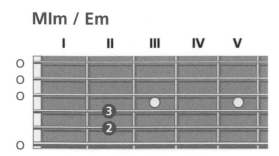

MI / E

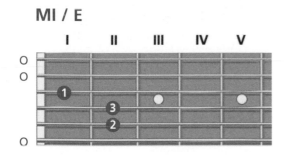

LAm / Am

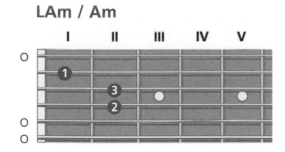

FAm / Fm

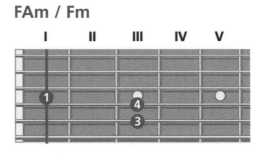

FA / F

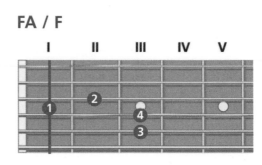

SIm / Bm

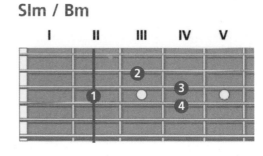

85

Formar un acorde

Para formar un acorde hay que utilizar los demás dedos de la mano izquierda. Coordinar la posición de estos dedos con la fuerza de hacer la cejilla es algo que requiere práctica.

Un acorde sencillo es el de MI menor. Este acorde se puede desplazar por el diapasón para formar más acordes mediante la cejilla.

Con el dedo índice haciendo cejilla en el primer traste, y los dedos anular y meñique en sus posiciones correspondientes, se puede formar el acorde de FA menor. En el gráfico se pueden ver las posiciones de los dedos y más acordes para practicar.

Es importante hacer ejercicios de forma regular tocando diferentes acordes seguidos.

Secuencias de acordes

Para acompañar canciones se utilizan secuencias de acordes que sirven como fondo armónico. Estas secuencias se forman a base de varios acordes que encajan bien los unos con los otros y se tocan de forma repetida, volviendo al final al acorde del principio.

La mayoría de las canciones que conocemos y de las que aparecen en este libro, van acompañadas de unas secuencias de acordes que encajan armónicamente unos con otros y se repiten a lo largo de toda la canción.

Para acompañar canciones es conveniente practicar estas secuencias de acordes hasta conseguir soltura en el cambio de un acorde a otro. Una vez se ha adquirido agilidad, siguiendo el ritmo y sin equivocarse, la siguiente fase es hacer lo mismo, pero sin mirar a la mano que forma los acordes.

Para adquirir agilidad en el movimiento de los dedos se puede practicar esta secuencia:
Do mayor
La menor
Re menor
SOL7

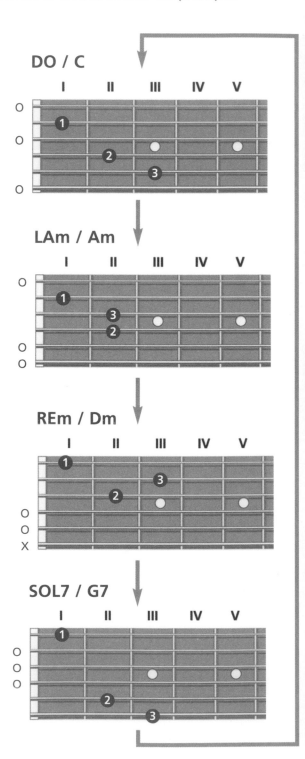

DO / C

LAm / Am

REm / Dm

SOL7 / G7

Otras secuencias de acordes comunes:

Re - SIm - MIm - LA7

MI - DO#m - FA#m - SI7

FA - REm - SOLm - DO7

SOL - MIm - LAm - RE7

LA - FA#m - SIm - MI7

SI - SOL#m - DO#m - FA#7

SOL / G

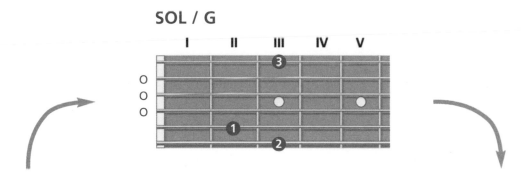

RE7 / D7

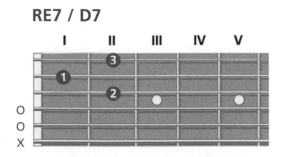

MIm / Em

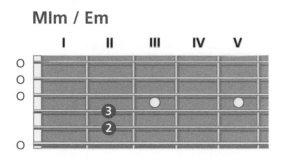

LAm / Am

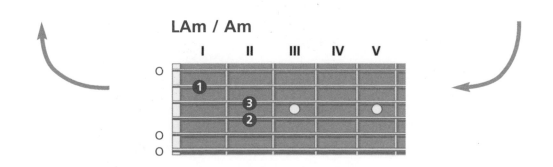

Acordes de quinta

Un acorde está formado normalmente por un mínimo de tres notas: la fundamental, la tercera y la quinta. Estas tres notas forman una tríada en la que la tercera o modal determina si el acorde es mayor o menor.

Una excepción a esta regla la forman los acordes de quinta. Estos acordes son díadas y están formados por sólo dos notas: la fundamental y la quinta.

Acordes poderosos

Los acordes de quinta son muy fáciles de tocar; en una guitarra eléctrica con un efecto de distorsión dan un resultado impresionante y poderoso. De ahí su denominación inglesa de *power chords*. Se usan mucho en la música rock, heavy metal y punk, ya que permiten cambiar de un acorde a otro con gran velocidad.

Posición de los dedos

Para tocar los acordes de quinta se utilizan solamente dos cuerdas, aunque existe la posibilidad de ampliar el uso a más, siempre que se repitan las mismas dos notas.

En el primer gráfico se propone tocar un *power chord* de LA5, que está formado por las notas

LA y MI. Para ello se usan la 5ª y la 6ª cuerda (las dos más gruesas). Para empezar, hay que colocar los dedos de la mano izquierda: el índice se sitúa en el traste 5 de la 6ª cuerda y el anular en el traste 7 de la 5ª cuerda. Luego con la mano derecha, y utilizando la púa, se tocan estas dos cuerdas a la vez unas cuantas veces seguidas.

LA5

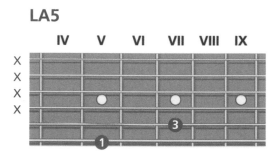

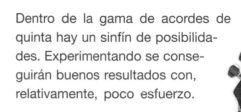

El siguiente acorde que se propone de ejemplo es el de RE5. Este acorde lo forman las notas RE y LA. Pasar a este acorde desde la posición de LA5 es muy fácil. Se mueve la mano izquierda, manteniendo los dedos en la misma posición, una cuerda hacia abajo. Así el dedo índice queda colocado en el traste 5 de la 5ª cuerda y el anular en el traste 7 de la 4ª cuerda. Se toca, al igual que el acorde anterior, varias veces seguidas.

Para completar el acompañamiento rockero se toca un acorde de MI5, moviendo la mano izquierda, con los dedos en la misma posición dos trastes hacia arriba. El dedo índice se coloca en el traste 7 de la 5ª cuerda y el anular en el traste 9 de la 4ª cuerda.

Así, tocando estos tres acordes seguidos rítmicamente, se consigue un acompañamiento que puede servir de fondo a muchas canciones rock.

Dentro de la gama de acordes de quinta hay un sinfín de posibilidades. Experimentando se conseguirán buenos resultados con, relativamente, poco esfuerzo.

RE5

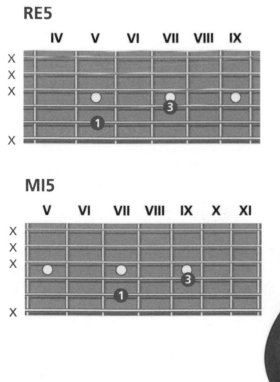

MI5

Efectos con la mano izquierda

Para añadir más expresión a la técnica de tocar la guitarra y crear un sonido más personal existen una serie de efectos que se generan con la mano izquierda. Es recomendable dominarlos; normalmente son muy utilizados por los grandes guitarristas.

Bending o *string bending*

La técnica del *bending* (literalmente, estirada) consiste en tocar una cuerda mientras se estira hacia arriba con uno o varios dedos de la mano izquierda. De esta manera se hace que suene media nota o una nota más alta. Por ejemplo, si se pisa el traste 5 de la 1ª cuerda, se está tocando la nota LA, pero si se hace un *bending,* ya no será LA, sino LA# o SI.

Existen distintos tipos de *bending*, dependiendo de los tonos o semitonos que se suba la nota original: se puede hacer *bending* de un semitono, de un tono o de un tono y medio. Normalmente, el *bending* que se haga dependerá de la siguiente nota en la escala, después de la nota original. Por ejemplo, tocando la escala mayor de DO, si se hace un *bending* en el traste 5 de la 1ª cuerda, en el

LA, la estirada deberá ser de un tono para llegar a SI, es decir, el *bending* deberá sonar igual que si se pisa dos trastes más arriba, coincidiendo con la siguiente nota en la escala. Al principio resulta difícil emplear esta técnica hasta que se adquiere fuerza en los dedos. Se puede realizar el *bending* estirando la cuerda con los dedos 1, 2 y 3 para tener más fuerza.

Arrastres *(slides)*

Para pasar de una nota a otra de una forma original se puede utilizar la técnica del *slide*. Esta técnica consiste en tocar una cuerda con la mano derecha y deslizar un dedo de la mano izquierda por la cuerda, de un traste a otro. Este efecto también puede ser utilizado tanto para subir, como para bajar una o varias notas.

El *bending* consiste en estirar una cuerda para subir un tono.

Para un *slide* es necesario deslizar el dedo por una cuerda, sin levantarla.

HAMMER ON

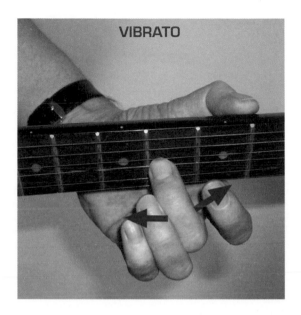

VIBRATO

Para realizar un *hammer on* se deben combinar fuerza y rapidez.

El *vibrato* da un toque sofisticado a la interpretación.

Ligados ascendentes *(hammer on)*

Un efecto con gran impacto es el *hammer on,* que se ejecuta de la siguiente manera: se coloca un dedo de la mano izquierda en un traste, por ejemplo el dedo 1 en el traste 6 de la 3ª cuerda y se toca la nota. Mientras suena la nota se baja rápidamente y con fuerza el dedo (2) al siguiente traste (7), como si fuese un martillo, sin levantar el primer dedo. Así, sin haber usado la mano derecha, el sonido es medio tono más alto. Es un efecto muy indicado para solos rápidos.

Ligados descendentes *(pull off)*

Este efecto es igual al *hammer on*, pero a la inversa. En este caso se toca la nota con los dos dedos colocados en los trastes y, mientras suena la nota, se levanta rápidamente el segundo dedo. Así se produce un sonido medio tono más bajo sin haber tocado con la mano derecha.

Los efectos *hammer on* y *pull off* se prestan a muchas variantes, que se pueden ir probando poco a poco.

Vibrato

Para lograr este efecto se aprieta un traste con un dedo de la mano izquierda. Se toca la nota con la mano derecha y cuando esté sonando la nota, el dedo de la mano izquierda se mueve repetidamente de izquierda a derecha de forma basculante y sin moverse de su sitio. La presión del dedo no debe ser demasiado fuerte para conseguir este efecto.

Otra manera de lograr un *vibrato* es moviendo el dedo repetidamente de arriba hacia abajo, de forma parecida al *string bending*.

La mano derecha

Existen varias técnicas clásicas para la mano derecha que pueden emplearse en una gran cantidad de variaciones estilísticas. Asimismo, estas técnicas sirven para tocar secuencias de acordes sin limitaciones técnicas. La técnica de mano abierta es muy habitual en la música clásica, el flamenco y el folk.

Técnica de mano abierta
Se apoya el antebrazo en la parte superior de la caja de la guitarra y se mantiene la mano en posición oblicua con respecto a las cuerdas. Se relajan el hombro y el brazo y se comprueba que la mano llegue con facilidad a todas las cuerdas.

Altura de la mano
La muñeca debe estar unos siete cm por encima de las cuerdas para que los dedos se muevan con total libertad. La mano no debe tocar la tapa o el puente en ningún caso. Una mano demasiado próxima a las cuerdas estorbará el movimiento de los dedos.

Movimiento
El dedo pulgar se mueve hacia abajo y los demás dedos hacia arriba. Los dedos deben estar ligeramente curvados hacia dentro y hay que intentar conseguir unos movimientos que resulten fluidos.

El pulgar toca las cuerdas graves (de la 4 a la 6), mientras los dedos índice, medio y anular tocan las cuerdas agudas (de la 1 a la 3).

Es posible tocar con las uñas, pero lo habitual es hacerlo con la yema de los dedos.

Golpe apoyado
Con este golpe se consigue un tono claro y fuerte y un gran control en el momento de tocar una sucesión de notas en la guitarra.

Para realizar este golpe hay que seguir los siguientes pasos:

- El primero es el de preparación: la punta del dedo indicado se apoya en la cuerda que se tocará.

- El segundo es el de consumación: el dedo toca la cuerda e inmediatamente después se para en la cuerda de arriba.

Para conseguir un mayor control, se puede apoyar el dedo pulgar en la sexta cuerda.

Golpe libre

En este golpe el dedo pulgar no se apoya en la 6ª cuerda y el dedo que toca la nota ya no se detiene en la siguiente cuerda. Este golpe se utiliza mucho en arpegios a velocidad o en los casos en que la siguiente cuerda debe seguir sonando.

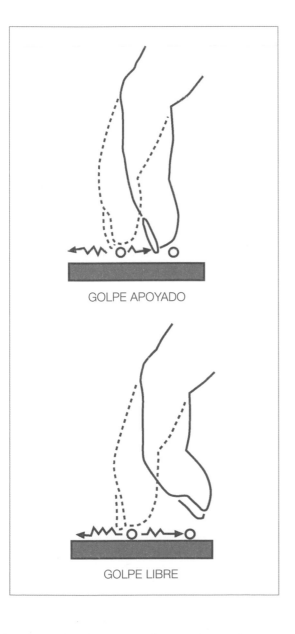

GOLPE APOYADO

GOLPE LIBRE

Los códigos

Para facilitar el aprendizaje se han asignado letras (las iniciales de su nombre en español) a los dedos de la mano derecha:

p = pulgar.

i = índice.

m = medio.

a = anular.

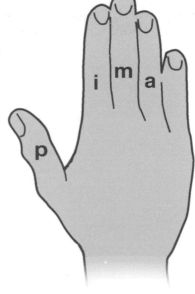

Acordes arpegiados

Tocar un acorde quiere decir que todas las notas que componen este acorde suenan a la vez, formando una combinación armónica de notas que suenan simultáneamente. Arpegiar un acorde es otra forma de tocar, haciendo que las notas que lo componen suenen en sucesión, es decir, una detrás de otra.

Acorde sin normas
Cualquier acorde puede ser arpegiado porque todas las notas que forman un acorde suenan en una combinación armónica.

Para realizar un arpegiado se puede escoger una combinación cualquiera de las notas que componen un acorde en el orden que se prefiera. No hay reglas estrictas o establecidas; simplemente se tocan las notas que conforman el acorde sucesivamente.

Cómo tocar un acorde arpegiado
Para empezar se elige el acorde, preferiblemente uno que ya se haya practicado. Con los dedos de la mano izquierda se aprietan las cuerdas para formar este acorde. Con la mano derecha se arpegia, empezando por el pulgar en la cuerda más grave y después con los otros dedos en las cuerdas agudas. Las notas deben sonar en sucesión y se pueden repetir. Después se puede ir cambiando de acorde y probando combinaciones de cuerdas en un orden distinto. Según se vayan probando combinaciones se pueden descubrir melodías muy interesantes para acompañar canciones o realizar una introducción para un tema.

También se pueden combinar rasgueados con arpegiados para lograr un efecto aún más sofisticado.

Un ejemplo práctico
Se ha escogido la canción «Hotel California» de The Eagles como ejemplo.

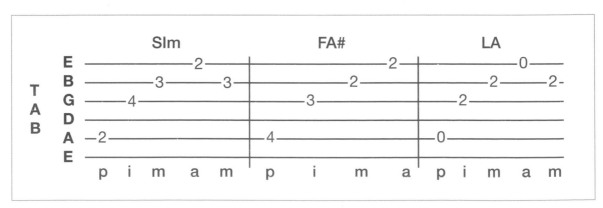

En el sistema cifrado queda clara la diferencia entre un acorde normal y un acorde arpegiado.
El desplazamiento de los números significa que se toca una nota detrás de la otra.

La introducción de esta canción comienza con unos arpegios de los acordes que luego también se utilizan para acompañar la canción: SIm, FA#, LA, MI, SOL, RE, MIm, FA#.

Experimentando un poco con el orden de las notas, se conseguirá tocar esta introducción simplemente colocando los dedos de la mano izquierda como indican los gráficos de los acordes, mientras se hacen los arpegios con la mano derecha. Dependiendo del tipo de guitarra que se toque, los arpegios se pueden realizar con la púa o con otras técnicas de la mano derecha.

Aplicaciones de la técnica

Arpegiar los acordes es un buen sistema para crear acompañamientos muy logrados y, además, es de gran utilidad en los solos. Existen miles de combinaciones que se prestan a un sinfín de expresiones musicales.

SIm / Bm

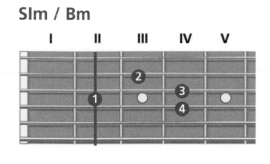

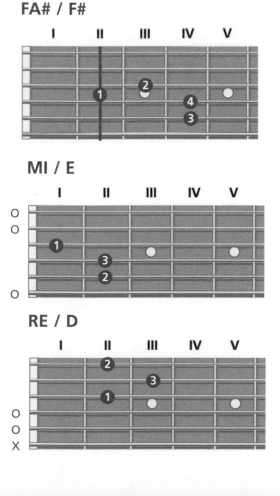

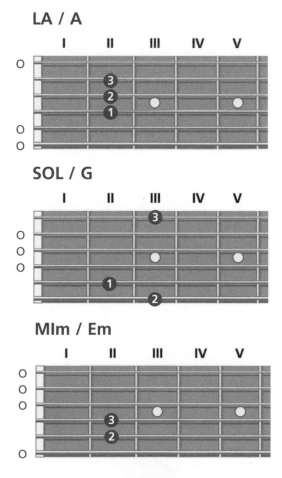

Técnicas de la púa

La púa es una pieza triangular de plástico que se sujeta con los dedos pulgar e índice de la mano derecha. La púa se emplea normalmente para tocar la guitarra eléctrica o la guitarra acústica de cuerdas de acero. Con la púa se consigue un sonido fuerte y claro.

Diferentes modelos

En el mercado existe una gran variedad de formas y tamaños de púas. Se recomienda comprar unas cuantas hasta descubrir cuál es la que da mejor sonido y con la que uno se siente más cómodo. Una púa pequeña es ideal para tocar pasajes rápidos, mientras que una grande es más adecuada para tocar acordes de acompañamiento.

Cómo sujetar la púa

La púa se sujeta entre los dedos pulgar e índice de la mano derecha, con la parte puntiaguda hacia las cuerdas y en un ángulo de 90° respecto al cuerpo de la guitarra. Los otros tres dedos deben estar curvados y retirados. Hay que sujetar la púa de forma firme, pero relajada, y tener en cuenta que el movimiento debe ser de la muñeca.

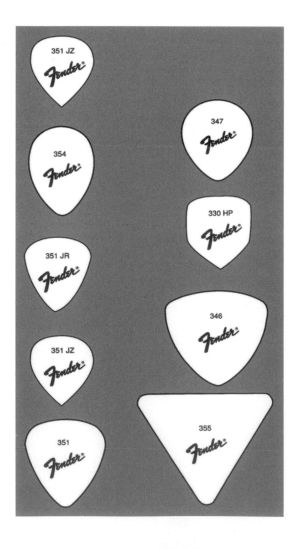

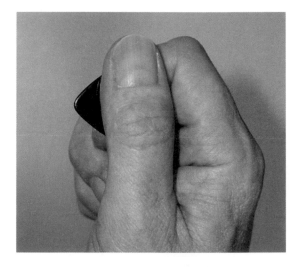

Existen diferentes modelos de púas.

Movimientos

Descendente
Se coloca la punta de la púa sobre la cuerda y se pulsa hacia abajo.

Ascendente
Se coloca la punta de la púa sobre la cuerda y se pulsa hacia arriba.

Alternado
En un mismo movimiento se toca la cuerda hacia arriba y hacia abajo.

En los pentagramas estos movimientos se simbolizan de la siguiente forma:

⊓   Movimiento hacia abajo.
V   Movimiento hacia arriba.

En el sistema cifrado (TAB) el movimiento hacia abajo se representa con **V**. El movimiento hacia arriba con **Λ**.

Técnicas de rasgueado

El sonido más característico de la guitarra es, sin duda, el rasgueado; al contrario de lo que parece, es una de las técnicas más difíciles de ejecutar para los guitarristas principiantes. Se realiza con la mano derecha, que debe permanecer muy relajada. La técnica consiste en golpear las cuerdas con un dedo cada vez.

Rasgueado con el pulgar

Con la mano izquierda, se forma, por ejemplo, un acorde de LA menor. Se mantiene la muñeca relajada y, con el pulgar de la mano derecha, se dan golpes rápidos ascendentes y descendentes a todas las cuerdas, produciendo así una sucesión rápida de notas rítmicas.

Rasgueado con el índice

Cuando se practica el rasgueado con el dedo índice se efectúan los mismos golpes ascendentes y descendentes a las cuerdas pero moviendo sólo el dedo y no la muñeca. La misma técnica se puede practicar también con el dedo medio.

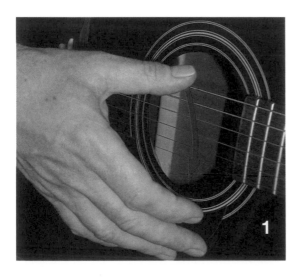

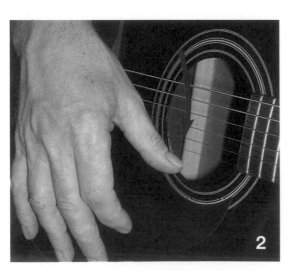

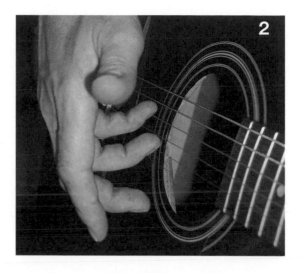

Rasgueo con toda la mano

Se cierra la mano derecha en un puño y se mantiene relajada encima de la 6ª cuerda pero sin tocar ninguna. Después se bajan todos los dedos en sucesión, empezando por el dedo índice, como abriendo un abanico.

De esta manera, todos los dedos tocan las cuerdas en sucesión y en movimiento fluido.

La misma técnica se puede emplear a la inversa, bajando primero el dedo meñique y luego los otros dedos.

LAm / Am

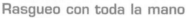
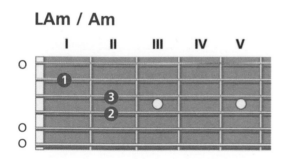

SOL / G

FA / F

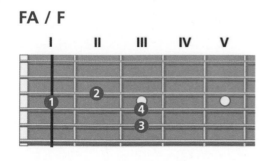

MI / E

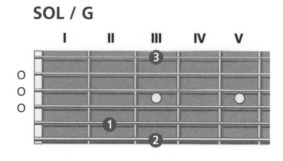
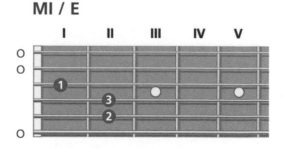

Para practicar las diferentes técnicas de rasgueado y obtener un resultado bonito se puede tocar una sucesión de estos acordes, típicos de la música flamenca.

Ampliar las posibilidades

- La guitarra eléctrica: un mundo fascinante

- Tipos de amplificadores

- Los pedales de efectos

- El amplificador de prácticas

- Accesorios

- Ajustes de la guitarra eléctrica

- Conectar la guitarra eléctrica al ordenador

- Actuar en directo

- Un paso más: la guitarra digital

La guitarra eléctrica: un mundo fascinante

En el momento en que se compra una guitarra eléctrica, un mundo nuevo y fascinante se abre ante los ojos del guitarrista. Con el instrumento como base uno se puede rodear de un equipo impresionante y experimentar con todo tipo de sonidos y efectos.

En este capítulo se da un breve repaso a algunas de las muchas posibilidades existentes para reproducir los mejores sonidos con la ayuda de diversos aparatos adicionales.

La guitarra

La misma guitarra ofrece la posibilidad de crear una gran variedad de sonidos: con el control del volumen se pueden ajustar la fuerza del sonido y la distorsión; con los controles de tono (graves y agudos) se puede optar entre un sonido más áspero o más apagado; el selector de pastillas permite elegir la pastilla más indicada en cada momento (en las posiciones intermedias, el selector permite seleccionar dos pastillas a la vez); con la palanca de trémolo también se pueden conseguir efectos como el *bending*, una de las técnicas de la mano izquierda. Y tampoco hay que olvidar que el sonido puede variar con cada tipo de púa y la técnica que se emplee en el momento de tocar con ella.

El amplificador

El amplificador permite ajustar el volumen y los tonos agudos, medios y graves. El regulador *drive* aumenta o reduce la distorsión del sonido. La mayoría de los amplificadores digitales vienen con efectos de sonido incorporados e incluso emulan el sonido de los antiguos y míticos amplificadores de válvulas. La calidad y el tamaño de los altavoces marca, además, el tipo de sonido final.

Una pedalera multiefectos abre muchas puertas a la creatividad del guitarrista.

Pedales de efectos

Entre la guitarra y el amplificador se pueden colocar uno o varios pedales de efectos para conseguir los mismos sonidos que los guitarristas más afamados. Con los pedales la creatividad no tiene límites.

Crear un estudio casero

Crear un estudio de grabación en casa no es demasiado complicado; basta con conectar la guitarra al ordenador para poder introducir la música creada en programas MIDI y modificarla después en pantalla.

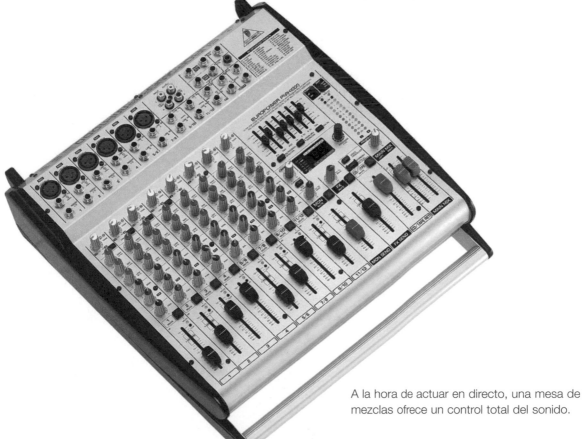

A la hora de actuar en directo, una mesa de mezclas ofrece un control total del sonido.

Tipos de amplificadores

La guitarra eléctrica, el amplificador y los altavoces forman el conjunto que marcará el sonido final. En este capítulo se dan unas recomendaciones básicas para poder elegir el amplificador más adecuado, teniendo en cuenta la calidad, la potencia y el coste.

Amplificadores de transistores

Hasta que en los años sesenta surgió el amplificador de transistores como alternativa económica sólo existían los amplificadores de válvulas. Al principio, estos amplificadores eran de calidad deficiente y sonaban mucho peor que los de válvulas; pero con el avance de la tecnología, actualmente suenan bien, son muy sólidos y ligeros, y además incorporan la posibilidad de elegir el antiguo sonido de los amplificadores de válvulas.

Amplificadores de válvulas

Muchos guitarristas siguen prefiriendo los amplificadores de válvulas. El sonido cálido y la distorsión agradable que producen hacen que los guitarristas los prefieran, aun cuando son más frágiles que los de transistores y hay que transportarlos con mucho cuidado. Además, hay que cambiar las válvulas cada cierto tiempo y deben pasar una revisión. Otras desventajas son el peso y el precio, superior.

Amplificadores digitales

Algunos amplificadores modernos emplean la tecnología digital para simular el sonido de los antiguos amplificadores de válvulas y de cualquier tipo de amplificador. Los nuevos modelos ofrecen un excelente sonido, difícil de distinguir del sonido de los amplificadores originales. Son programables y muy flexibles e incorporan de fábrica algunos de los efectos más usados, como *chorus* y *delay*.

Los altavoces

La calidad y el tamaño de los altavoces son en gran parte responsables de la calidad del sonido. Un amplificador de prácticas con un altavoz de 8 pulgadas nunca tendrá el sonido lleno y potente de un conjunto de cuatro altavoces de 12 pulgadas. Para conseguir potencia en los graves, un altavoz grande responderá mucho mejor; aunque todo depende del uso que se haga del equipo. No es lo mismo practicar en el salón de casa que actuar en un escenario; cada circunstancia requiere su propio equipo.

Para lograr un mejor rendimiento se puede sustituir el altavoz de un combo por otro de más calidad; así se consigue mejor sonido y más potencia con el mismo amplificador. Hay que tener en cuenta que no sirve cualquier altavoz: los altavoces para guitarra son de una construcción especial, ya que tienen que ser resistentes a un uso continuado y a un volumen elevado.

©FMIC

Combos y *tops*

Combo es la denominación que se da a los equipos que combinan amplificador y altavoces. El *top* es un tipo de amplificador que se coloca encima del bafle. A este conjunto se le conoce como *stack.*

Comprar los elementos por separado permite combinar el amplificador que más satisfaga con los mejores altavoces; es una opción válida para sibaritas, pero bastante más cara.

Cuánto gastar

Se puede comprar un amplificador de prácticas pequeño y fácil de transportar por unos 250 euros. Es ideal para practicar en casa, pero no sirve para actuaciones. Estos amplificadores suelen ser de transistores e incorporan un altavoz de 8 o 10 pulgadas. La mayoría no dispone de efectos.

Se puede adquirir un combo con amplificador de transistores de unos 50 watios y con un altavoz de 12 pulgadas, por una cantidad que varía entre 250 y 500 euros. Este tipo de amplificador da un sonido más potente y puede incluir algún efecto.

Por un precio entre 500 y 1.000 euros se pueden encontrar buenos amplificadores de todos los tipos, en combo o *stack* y con mucha potencia, más de 100 watios. Algunos incorporan varios altavoces de 12 pulgadas, y generalmente disponen de algunos efectos de bastante calidad.

Consejos para elegir un amplificador

Si se tiene una buena guitarra, es conveniente llevarla a la tienda para probar los amplificadores con ella, o se puede probar el amplificador en la tienda con una guitarra parecida a la que se tiene. Una guitarra tipo Fender Stratocaster suena totalmente distinto que una Gibson. Hay que probar tanto los amplificadores económicos como los caros. Un amplificador es una inversión para años; es mejor adquirir un modelo superior en lugar de conformarse con algo más sencillo. También es recomendable probar el amplificador tocando la guitarra a diferentes volúmenes, pues hay amplificadores que sólo suenan bien cuando se toca con una potencia elevada. No hay que olvidar probar los diferentes tipos de sonidos y emulaciones y, por supuesto, el sonido limpio.

Por último, es interesante ir acompañado de un amigo con experiencia que comparta el mismo gusto musical.

Los pedales de efectos

Para conseguir un buen sonido se necesita un amplificador de calidad. Con los controles del amplificador se puede crear un sonido característico y personalizado, pero si se desea obtener más variedad de sonidos y distorsiones se pueden emplear pedales de efectos.

Existe una amplia gama de pedales de efectos que pueden producir los sonidos más sorprendentes. Se manejan con el pie, con lo que se evita apartar la mano de la guitarra para controlar y modificar el sonido en cualquier momento de la actuación.

Los pedales de efectos son muy resistentes, relativamente baratos y ofrecen un buen sonido.

Actualmente existe en el mercado una amplia gama de pedaleras que incluyen la mayoría de efectos en un solo aparato, para usarlos por separado o combinando varios efectos diferentes. Según las características del efecto,

éste se acciona mediante un interruptor o mediante un pedal de expresión.

Algunos efectos básicos

Fuzz. Para los amantes del sonido de los sesenta y setenta que quieran recrear el ambiente del rock «sucio» de aquellos años, el sonido *fuzz* es el ideal. Fue muy utilizado por los Rolling Stones y Jimi Hendrix.

Distortion. Este efecto crea el sonido de un amplificador subido a toda potencia, con la correspondiente distorsión del sonido. Al mismo tiempo, las notas individuales mantienen toda su nitidez.

Esta pedalera incorpora simulaciones de los amplificadores y altavoces de guitarra más famosos. Si se combina con un pedal de expresión multimodo, genera los efectos de guitarra más populares.

Incluye cuatro modelos de simulaciones de pedales de efectos como *delay, chorus, phaser, flanger, tremolo, rotary speaker, pitch bend* y muchos otros, hasta un total de treinta y dos.

Un pedal diseñado para guitarristas de blues. Dispone de unas distorsiones clásicas que marcan el auténtico sonido del blues eléctrico.

Overdrive. Este efecto recrea el sonido de uno de los antiguos amplificadores de válvulas puesto a toda potencia. El sonido es bastante limpio y se emplea cuando se requiere que las notas se sostengan más tiempo de lo normal.

Wah-Wah. Este efecto fue muy usado por Jimi Hendrix. El sonido es característico e inconfundible y, si se sabe utilizar, puede dar la sensación de que la guitarra habla.

Delay. El efecto *delay* consiste en una repetición del sonido con un intervalo que comprende desde varios milisegundos hasta algunos segundos. Puede dar mucha vida a un solo de guitarra.

Tremolo. Consiste en una variación del volumen. No hay que confundirlo con *vibrato*, que es una variación del tono.

Conectar el pedal

El pedal de efectos se conecta entre la guitarra y el amplificador, tal como indica el gráfico. El pedal dispone de una entrada donde se conecta el cable de la guitarra y de una salida para conectar el cable del amplificador. Si se utiliza más de un pedal, éstos se pueden conectar entre sí.

La alimentación del pedal puede ser a pilas o mediante una fuente de alimentación externa.

Este pedal simula unos altavoces giratorios.

El amplificador de prácticas

Antes de comprar un amplificador de prácticas hay que sopesar diversos factores. El que más va a condicionar al comprador es el presupuesto, pero hay que tener en cuenta que un buen amplificador es necesario para obtener un buen sonido y, además, se deben tener en mente las ambiciones musicales del comprador.

Existen unos amplificadores tipo combo, de tamaño reducido, que son ideales para practicar en casa a un nivel bajo de sonido. Una salida para auriculares es también muy importante para aquellos guitarristas con vecinos.

La ventaja de estos equipos es su reducido tamaño y, en consecuencia, la posibilidad de transportarlos con facilidad a cualquier parte, ya sea a casa de un amigo o a un local donde practicar.

Una combinación perfecta para estudiar en casa: una guitarra eléctrica con un amplificador ligero y fácil de transportar.

La potencia de la mayoría de estos amplificadores es suficiente para emplearlos en sesiones de prácticas con otros músicos; muchos ofrecen una buena gama de efectos de sonido o emulaciones de amplificadores clásicos.

Existen, además, modelos muy pequeños alimentados por pilas, ideales para llevar de viaje o a lugares donde no hay toma de corriente.

Es imprescindible una salida para auriculares. Esta opción permite tocar «a todo volumen» sin provocar los golpes en la pared de los vecinos de al lado.

Una entrada para CD o MP3 puede ser interesante para aquellos que quieran acompañar a sus grupos favoritos. El sonido de la guitarra y el del CD se mezclan perfectamente en el amplificador y el resultado puede ser muy satisfactorio.

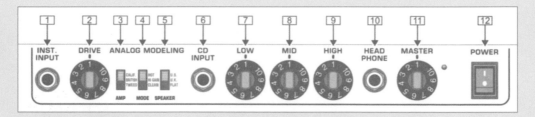

Elementos de control de un amplificador de prácticas

1. Conector de entrada del instrumento.
2. El control DRIVE regula cuánta distorsión produce.
3. El interruptor AMP permite decidir cuál de los tres sonidos de amplificador clásicos se desea recrear.

   TWEED: ofrece el sonido legendario estadounidense de forma clara, con bajo dinámico y total transparencia.

   BRITISH: «agresivo» en los medios, duro. Obtiene el sonido de rock clásico de los amplificadores británicos.

   CALIF: sonidos de ritmos calientes. Es el amplificador para el sonido metal californiano.
4. El interruptor MODE se utiliza para seleccionar uno de los tres ajustes (*clean*, *hi gain* o *hot*) para el sonido básico, que selecciona con el interruptor AMP.

   CLEAN: sonido limpio, sin distorsión.

   HI GAIN: va de lo «crujiente» a sonidos distorsionados.

   HOT: sonido fuertemente distorsionado.
5. El interruptor SPEAKER se usa para ajustar una simulación de altavoz.
6. CD INPUT: Entrada para reproductor de CD.
7. LOW: para controlar el nivel de bajos.
8. MID: para aumentar o disminuir frecuencias medias.
9. HIGH: para regular las frecuencias altas.
10. HEADPHONE: para conectar auriculares.
11. MASTER: controla el volumen general del amplificador.
12. POWER: para encender el amplificador.

Accesorios

Los accesorios son unos complementos que pueden ayudar al guitarrista tanto a conseguir mejores resultados mientras toca, como a conservar su instrumento. Se trata de elementos de poco coste, aunque antes de comprarlos hay que sopesar cuáles son realmente necesarios, atendiendo a las necesidades reales de cada guitarrista.

La púa

Sirven para producir un tono más fuerte, claro y uniforme que cuando se toca con la mano. Las púas delgadas hacen que el punteo sea más rápido y fácil; mientras que las púas fuertes crean un sonido más duro. Es aconsejable comprar varias para ir probando hasta encontrar el modelo con el que uno se encuentra a gusto.

La cejilla

La cejilla no es algo que se necesite inmediatamente, pero en el futuro se valorará su utilidad. Es una especie de barra con una superficie de goma o de corcho que se coloca sobre las cuerdas y puede ajustarse en cualquier traste. Existen varios modelos.

El soporte

La guitarra es un instrumento muy delicado, susceptible de golpes o caídas. Cuando no se toca es conveniente colocarla sobre un soporte para no dañarla. Hay soportes ligeros y baratos para tenerlos en casa y modelos más resistentes para giras o para trabajar en el escenario. Si se toca más de un instrumento, es útil tener varios soportes para cambiar con facilidad y rapidez de uno a otro.

El metrónomo

El metrónomo ayuda a seguir el compás de la música mientras se toca. Existen varios modelos: los clásicos son mecánicos y hay que darles cuerda; los electrónicos suelen tener más prestaciones, como ritmos o un afinador incorporado.

Ajustes de la guitarra eléctrica

La guitarra eléctrica dispone de varios elementos ajustables. Se puede comenzar a tocar con los ajustes de fábrica, pero, si se desea, es posible efectuar ajustes para personalizarla.

Un buen ajuste de la acción implicará una mayor comodidad y rapidez a la hora de tocar.

La acción

Uno de los factores más importantes a la hora de tocar cualquier guitarra es la distancia entre las cuerdas y el mástil, una separación que se conoce como la «acción» de la guitarra. Si esta distancia es demasiado grande, hay que usar mucha fuerza para apretar la cuerda, lo que puede ocasionar dolor en los dedos y una cierta lentitud en la ejecución.

En el puente de la guitarra eléctrica cada cuerda pasa por encima de una pequeña guía de metal. Estas guías son ajustables para variar la altura de las cuerdas y para conseguir una afinación precisa.

Para cambiar la altura de las cuerdas es necesario aflojarlas primero y después cambiar la altura de las guías con ayuda de una llave allen.

No se recomienda empezar haciendo grandes ajustes; siempre es mejor volver a afinar la guitarra y comprobar que las cuerdas no rozan con los trastes o las pastillas. Si rozaran con las pastillas, se puede corregir la altura de éstas para eliminar de esta forma el problema.

Ajuste de altura de las pastillas

Cada pastilla tiene unos tornillos laterales que sirven para ajustar la altura. Hay que apretar todas las cuerdas en el último traste y comprobar que haya suficiente distancia entre las cuerdas y la pastilla. Las cuerdas graves deberían estar a más distancia que las agudas. Después hay que girar los tornillos para subir o bajar la pastilla. Se recomienda probar varios ajustes hasta encontrar el sonido que más agrade.

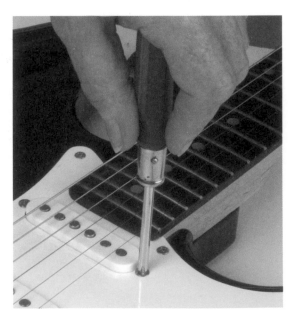

El ajuste de las pastillas es una tarea delicada.

Ajuste de la altura de las pastillas

Ajuste de la acción

Ajuste de quintaje

Quintaje

Aunque la guitarra ya esté afinada, el cambio de altura de las cuerdas puede afectar a la afinación y obligar a corregirla. En la parte posterior del puente se encuentran unos tornillos que sirven para ajustar cada cuerda individualmente, de tal forma que la cuerda tocada en el traste 12 tiene que sonar exactamente una octava más alta que la nota de la cuerda tocada al aire. Se recomienda ayudarse de un afinador electrónico para realizar esta operación.

El ajuste de quintaje se lleva a cabo girando unos tornillos en el puente.

Conectar la guitarra eléctrica al ordenador

Si se conecta la guitarra eléctrica al ordenador se pueden grabar varias pistas de audio y editarlas en un programa de edición de música. Asimismo, se pueden añadir más instrumentos y, posteriormente, grabar la composición en un CD o difundirla como MP3.

El programa de edición musical

Con un programa de edición musical se dispone de todo lo necesario para crear una pieza musical perfecta. Así, se pueden desplazar fragmentos de audio para construir, por ejemplo, un solo definitivo a partir de las mejores partes de varias tomas distintas, o repetir una toma de un *riff* que ha salido impecable en varios momentos distintos a lo largo de una canción. Se pueden mezclar varias pistas para crear una mezcla estéreo final que se procesará posteriormente para ser grabada en CD, MiniDisc u otro formato digital.

La tarjeta de sonido

Una tarjeta de sonido proporciona una entrada y una salida para audio, además de un interfaz MIDI y la posibilidad de grabar instrumentos y voces. Para ello, la tarjeta deberá tener una entrada de línea, de micro o ambas a la vez, para poder pasar el audio al disco duro. Básicamente, la tarjeta de sonido procesa los sonidos a través de sus conversores A/D (analógico a digital), lo que convierte el audio en un archivo de sonido (ya sea un formato WAV o AIFF) en el disco duro del ordenador.

Conexiones

La guitarra se puede conectar de diferentes maneras al ordenador.

Los adaptadores de clavijas se hacen imprescindibles a la hora de conectar los diferentes elementos.

Es importante averiguar si la tarjeta de sonido del ordenador dispone de las entradas y salidas que se necesitan.

MÉTODO 1

Enchufe directo.

Mediante un adaptador de clavija *jack* de 1/4"
a 1/8" se enchufa la guitarra directamente a la
entrada MIC del ordenador.

MÉTODO 2

A través de preamplificador.

El preamplificador va conectado a la entrada
LINE del ordenador. La guitarra se conecta al
preamplificador.

MÉTODO 3

**Mediante un interfaz USB o FireWire
audio/MIDI.**

La guitarra se conecta a la entrada GUITAR IN
o LINE del interfaz. El interfaz va conectado directamente a la entrada USB del ordenador.

MÉTODO 4

A través de micrófono.

Si se utiliza el amplificador habitual, se puede
colocar un micrófono delante y captar así el
sonido. El micrófono se conecta directamente al ordenador o, alternativamente, puede
pasar por un preamplificador o por un interfa-
ce audio/MIDI.

Existen muchos programas para la realización de
grabaciones caseras de calidad profesional.

MÉTODO 5

A través del amplificador de la guitarra.

Se puede conectar la salida LINE OUT del
amplificador con la entrada LINE IN del ordenador mediante un adaptador de clavija *jack*
de 1/4" a 1/8".

115

Un interfaz/controlador USB/MIDI de audio
multicanal con entrada analógica para guitarra.
Se conecta al ordenador vía USB 2.0 de alta
velocidad. Permite también la conexión de
teclado, guitarra y micrófono.

Actuar en directo

Para actuaciones en directo existe una amplia gama de equipos, en función del número de músicos del grupo y del tamaño de la sala. En este capítulo se dan unas indicaciones básicas sobre el equipo mínimo del que se debe disponer y cómo conectar los diferentes elementos. Además, se dan unos consejos para los músicos con la finalidad de conseguir un resultado profesional.

Equipo adicional

Actuar en directo y ante un público exige un equipo adicional, que complementa al que se usa cuando se ensaya. Este equipo va destinado a conseguir mayor volumen y un correcto equilibro entre el sonido de los diferentes instrumentos.

Mesa de mezclas

El corazón del equipo lo forma la mesa de mezclas. Aquí se reúnen todas las señales procedentes de los instrumentos y los micrófonos. Mediante los controles se da el volumen adecuado a cada instrumento antes de enviar la señal a unos poderosos altavoces. Otra señal se dirige a unos altavoces más pequeños en forma de cuña llamados monitores (*wedges*), que sirven para que los músicos y los cantantes puedan oírse tanto a sí mismos como a los demás instrumentos.

Conexión de la guitarra eléctrica

La guitarra eléctrica puede usar su propio amplificador que amplía el sonido y al mismo tiempo reproduce los sonidos de los pedales de efectos. Un micrófono colocado delante del altavoz puede captar el sonido. La señal de este micrófono pasa también por la mesa de mezclas y es enviado a los altavoces.

Los altavoces activos autoamplificados son cómodos de transportar.

Una mesa de mezclas especialmente diseñada para actuaciones en directo. Incorpora un potente amplificador de 2 X 400 watios.

Los monitores son imprescindibles para mantener un buen control del sonido.

©FMIC

Conexión de otros instrumentos

Un teclado o una guitarra electroacústica también pueden enchufarse directamente a la mesa de mezclas. El sonido de la voz y de los instrumentos de percusión es captado por los micrófonos.

Volumen

El volumen del sonido es el resultado de una reacción en cadena. La batería es el instrumento que marca el volumen en el escenario. Los instrumentos amplificados adaptan a ella su volumen. Esto puede dar problemas en locales pequeños; en este caso el batería tendrá que hacer un esfuerzo por reducir el volumen, para no generar un ruido ensordecedor. El control del volumen es aún más importante si el grupo incluye un cantante.

Acústica

Descubrir que la acústica del local en el que se va a tocar es diferente del lugar de ensayo puede traer problemas. Cuando se ensaya, el grupo se encuentra generalmente en un espacio reducido, los músicos están encarados y el equipo de amplificadores es pequeño. En el local donde se actúa, todo suena distinto. El sonido «se escapa», ya que los altavoces están orientados al público. Los miembros del grupo deben prepararse para actuar y acostumbrarse al hecho de estar todos frente al público. Se debe crear un guión bastante estricto para saber qué hace cada uno y en qué momento. También es muy importante la colocación de los monitores para que cada miembro del grupo pueda seguir lo que se está tocando.

No hay que olvidar micrófonos, pies y cables.

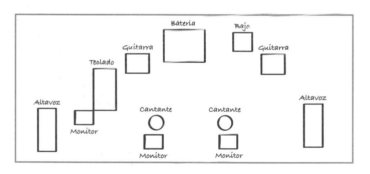

Antes de actuar en directo el grupo debe hacer un boceto de cómo se colocarán los elementos en el escenario.

Un *stage box* puede reunir los cables y mantener un orden en el escenario.

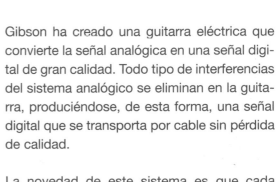

Un paso más:
la guitarra digital

Los fabricantes de guitarras eléctricas no podían quedarse atrás en la era digital. Las investigaciones han derivado en unas tecnologías innovadoras que abren posibilidades fascinantes.

Desde la aparición de las guitarras eléctricas, las encargadas de convertir las vibraciones de las cuerdas en corrientes eléctricas han sido las pastillas. Éstas se amplifican y se convierten en sonido gracias al amplificador y al altavoz.

Los controles de la guitarra han permitido al guitarrista un mínimo de control sobre la calidad del sonido que produce la guitarra. Aun así, la señal de salida de una guitarra eléctrica no ha superado un simple sonido mono o estéreo.

Las interferencias también son muy habituales en las guitarras eléctricas y en los cables, con lo que a menudo surge algún zumbido molesto.

Gibson ha creado una guitarra eléctrica que convierte la señal analógica en una señal digital de gran calidad. Todo tipo de interferencias del sistema analógico se eliminan en la guitarra, produciéndose, de esta forma, una señal digital que se transporta por cable sin pérdida de calidad.

La novedad de este sistema es que cada cuerda da su propia señal y ésta se puede manipular de forma individual. Así, se pueden aplicar efectos separados a cada cuerda.

La conexión directa al ordenador mediante un cable Ethernet hace posible la grabación directa, donde el sonido de cada cuerda puede ser editado individualmente en programas de composición musical.

Al mismo tiempo, esta nueva guitarra mantiene las conexiones clásicas que la hace plenamente compatible con las tecnologías actuales en uso.

Conectando la guitarra digital al ordenador se pueden realizar sofisticadas composiciones musicales.

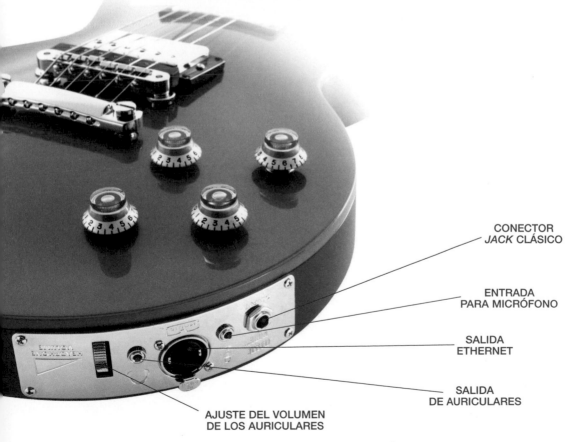

CONECTOR
JACK CLÁSICO

ENTRADA
PARA MICRÓFONO

SALIDA
ETHERNET

SALIDA
DE AURICULARES

AJUSTE DEL VOLUMEN
DE LOS AURICULARES

Listado de acordes

DO / C

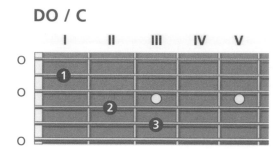

DOm / Cm

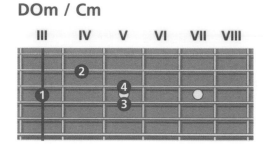

DO7 / C7

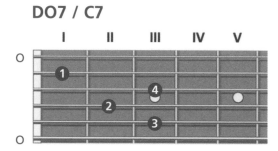

DO# / C#

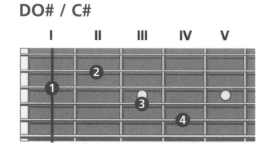

DO#m / C#m

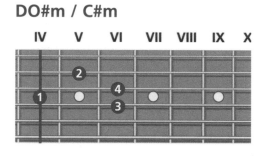

DO#m7 / C#m7

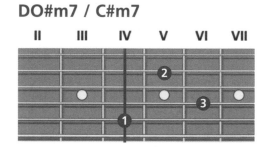

DO#7 / C#7

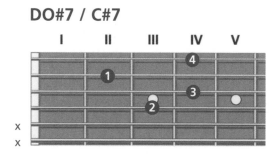

RE

RE / D
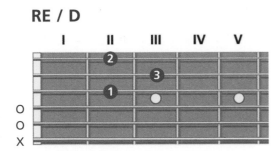

REm / Dm
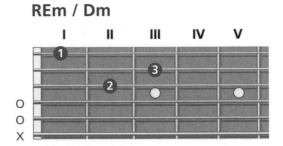

RE7 / D7
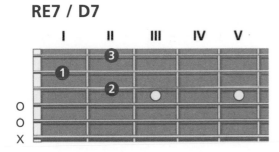

REm7 / Dm7
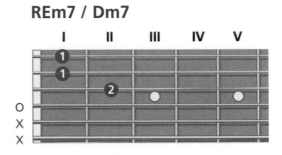

RE# / D#
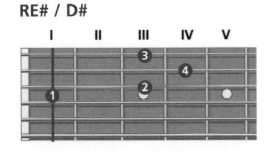

REm6 / Dm6
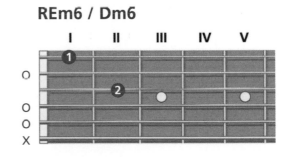

123

REb / Db
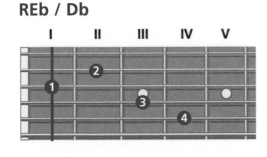

RE / DO   D / C
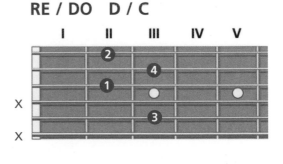

RE / FA#   D / F#
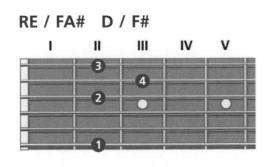

RE#m / D#m
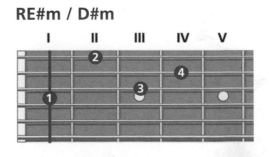

MI / E

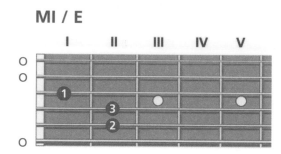

MIm / Em

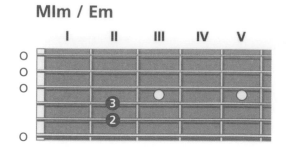

MI7 / E7

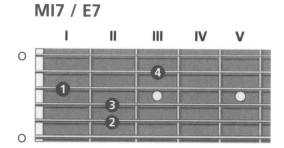

MIb7 / Eb7

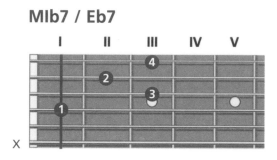

MIm7 / Em7

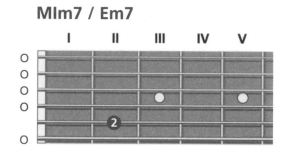

MI6 / E6

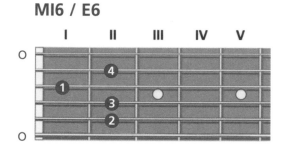

124

FA / F

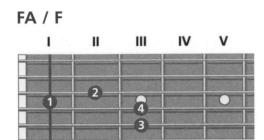

FA# / F#

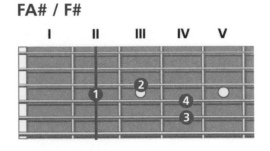

FA#m / F#m

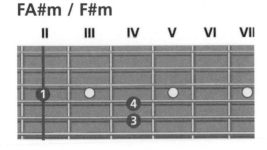

FA#m7 / F#m7

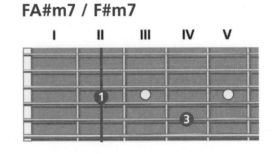

FA7 / F7

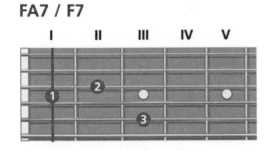

FA#7 / F#7

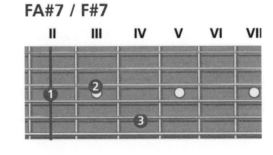

125

FAm / Fm

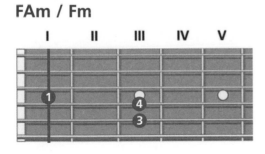

FAm7 / Fm7

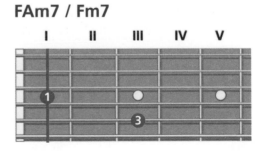

SOL / G

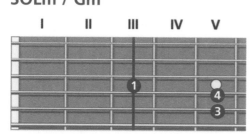

SOL# / G#

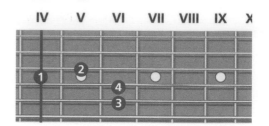

SOLm / Gm

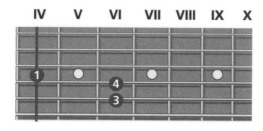

SOLm7 / Gm7

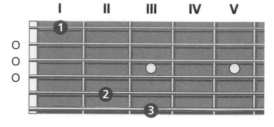

SOL#m / G#m

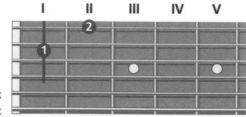

SOL7 / G7

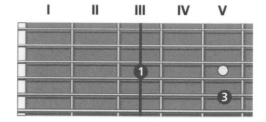

SOL#7 / G#7

126

LA / A

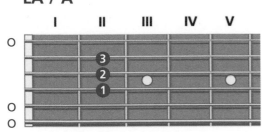

LA# / A#

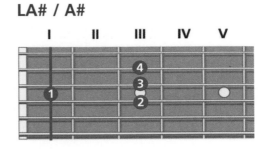

LAm / Am

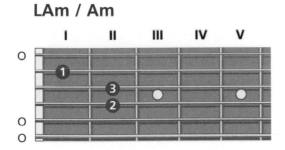

LA7 / A7

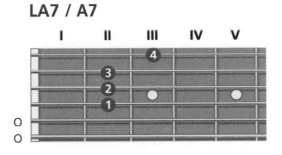

LAm7 / Am7

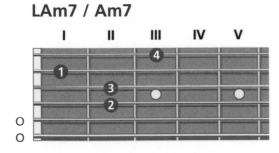

LAm / SOL   Am / G

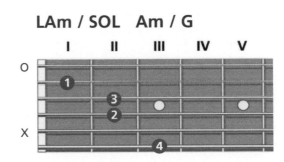

127

LAm / FA#   Am / F#

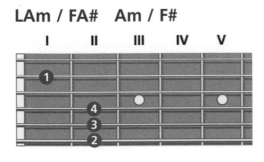

LA#m / A#m

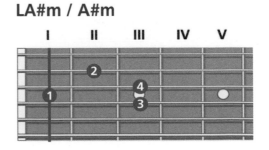

SI / B

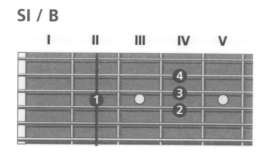

SIm / Bm

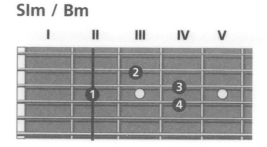

SIm7 / Bm7

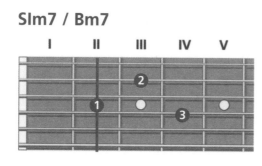

SI7 / B7

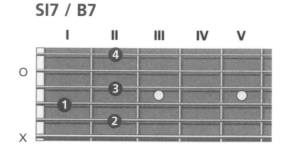

SIm7(b5) / Bm7(b5)

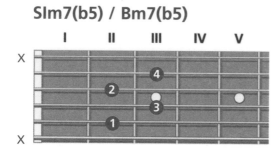

SIb / Bb

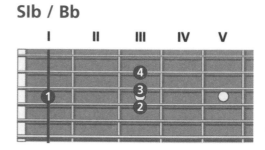

128

Canciones y acordes

ANTE TODO
Café Quijano

SOL   RE DO   SOL
Ante todo, trato de explicarte lo que quiero de ti.
    RE   DO   SOL
Ante todo, quiero que tú seas alguien muy normal.
    RE   DO   SOL
Ante todo, quiero que me trates como yo te trato a ti.
    RE   DO   SOL
Ante todo, trato de explicarte lo que quiero de ti.

MIm   SOL MIm   SOL
Sueña hasta que te duermas. Duerme y ya no soñarás.
     RE   DO   SIm
Sólo sentirás que tu alma viene y va.
     RE   DO   SOL
Sólo sentirás que tu alma viene y va.

Ante todo, trato de explicarte lo que quiero de ti.
Ante todo, quiero que descubras lo dulce de la vida.
Ante todo, quiero que me juzgues por lo que ves en mí.
Ante todo, trato de explicarte lo que quiero de ti.

SOL / G

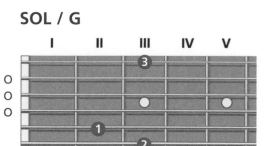

RE / D

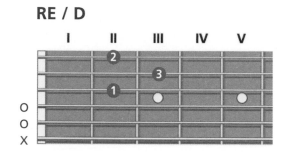

DO / C

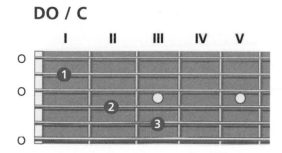

MIm / Em

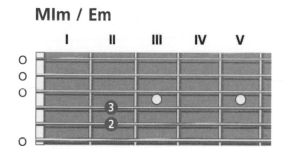

131

SIm / Bm

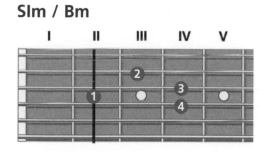

NI TÚ NI NADIE
Alaska y Dinarama

SOL   SIm   MIm   RE DO
Haces muy mal en elevar mi tensión, en aplastar mi ambición.

      LAm   RE
Sigue así y ya verás.

SOL   SIm   MIm RE   DO
Mira el reloj, es mucho más tarde que ayer, te esperaría otra vez.

      LAm   RE
No lo haré, no lo haré.

ESTRIBILLO

SOL   SIm   MIm
¿Dónde está nuestro error sin solución,

    RE   DO
fuiste tú el culpable o lo fui yo?

   LAm   DO   RE
Ni tú ni nadie, nadie puede cambiarme.

SOL   SIm   MIm
Mil campanas suenan en mi corazón,

    RE   DO
qué difícil es pedir perdón.

   LAm   DO   RE
Ni tú ni nadie, nadie puede cambiarme.

Vete de aquí, no me pudiste entender, yo sólo pienso en tu bien.
No es necesario mentir.
Qué fácil es atormentarse después, pero sobreviviré,
sé que podré sobrevivir.

¿Dónde está nuestro error sin solución,
fuiste tú el culpable o lo fui yo?
Ni tú ni nadie, nadie puede cambiarme.
Mil campanas suenan en mi corazón,
qué difícil es pedir perdón.
Ni tú ni nadie, nadie puede cambiarme.

SOL / G

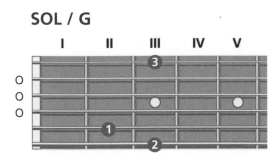

SIm / Bm

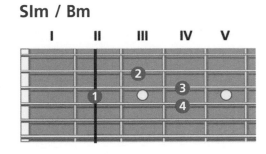

MIm / Em

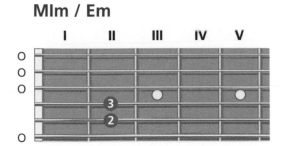

RE / D

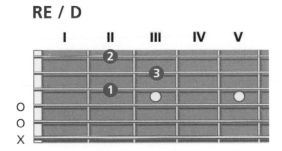

DO / C

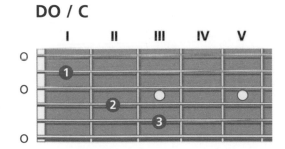

LAm / Am

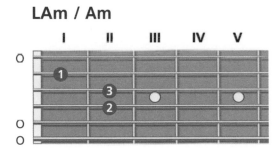

133

CORAZÓN DE TIZA
Radio Futura

    MI   **FA#m**
Y si te vuelvo a ver pintar
      SOL#m
un corazón de tiza en la pared,
  LA   **SI7**   **MI**
te voy a dar una paliza por haber
    LA SI7   **MI**
escrito mi nombre dentro. Oh...

  LA   **SI7**   **MI**
Tú lo has hecho porque ayer yo te invité
   LA   **SI7**   **MI**
cuando ibas con tu amiga de la mano,
  SOL#m   **DO#m**
se acababan de encender todas las luces,
    FA#m   **SI7**
era tarde y nos reímos los tres.

Luego estuve esperándote en la plaza,
y las horas se marchaban sin saber qué hacer.
Cuando al fin te vi venir
yo te llamé por tu nombre,
pero tú no dejaste de correr.

  SOL#m   **DO#m**
Me parece que aquel día, tú empezaste a ser mayor,
    FA#m   **SI7**
me pregunto cómo te han convencido a ti.
   SOL#m   **DO#m**
¿Te dijeron que jugar era un pecado?
    FA#m   **SI7**
¿O es que viste en el cine algún final así?

Yo tenía la intención de olvidarlo,
y al salir al otro día no pensaba en ti,
pero vi justo en mi puerta dibujado un corazón,
y mi nombre estaba escrito junto al tuyo.

134

ACORDES

MI / E

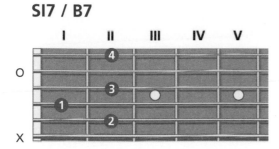

LA / A

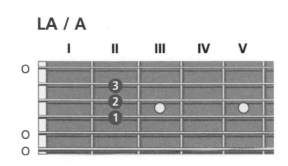

SI7 / B7

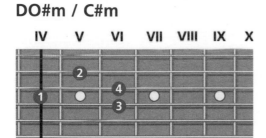

SOL#m / G#m

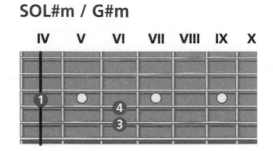

DO#m / C#m

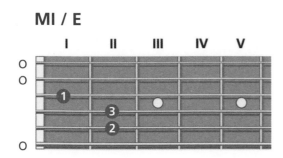

FA#m / F#m

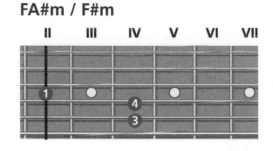

135

Y.M.C.A.
Village People

SOL
Young man, there's no need to feel down.
MIm
I said, young man, pick yourself off the ground.
DO
I said, young man, 'cause you're in a new town
RE   DO   RE   DO   RE
there's no need to be unhappy.

Young man, there's a place you can go.
I said, young man, when you're short on your dough.
You can stay there, and I'm sure you will find
many ways to have a good time.

SOL
It's fun to stay at the Y-M-C-A.
MIm
It's fun to stay at the Y-M-C-A.
LAm
They have everything for you men to enjoy,
DO   RE
you can hang out with all the boys...
SOL
It's fun to stay at the Y-M-C-A.
MIm
It's fun to stay at the Y-M-C-A.
LAm
You can get yourself cleaned, you can have a good meal,
DO   RE
you can do whatever you feel...

Young man, are you listening to me?
I said, young man, what do you want to be?
I said, young man, you can make real your dreams.
But you got to know this one thing!

No man does it all by himself.
I said, young man, put your pride on the shelf,
and just go there, to the Y-M-C-A.
I'm sure they can help you today.

Young man, I was once in your shoes.
I said, I was down and out with the blues.
I felt no man cared if I were alive.
I felt the whole world was so tight...

That's when someone came up to me, and
said, young man, take a walk up the street.
There's a place there called the Y-M-C-A.
They can start you back on your way.

Y-M-C-A... you'll find it at the Y-M-C-A.
Young man, young man, there's no need
to feel down.

Young man, young man, get yourself off
the ground.
Y-M-C-A... you'll find it at the Y-M-C-A.
Young man, young man, there's no need
to feel down.
Young man, young man, get yourself off
the ground.
Y-M-C-A... just go to the Y-M-C-A.
Young man, young man, are you listening
to me?
Young man, young man, what do you
wanna be?

SOL / G

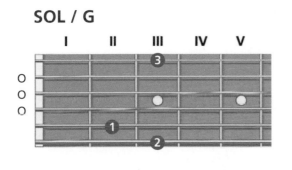

Mlm / Em

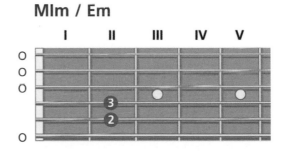

DO / C

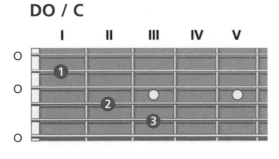

RE / D

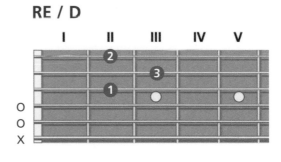

LAm / Am

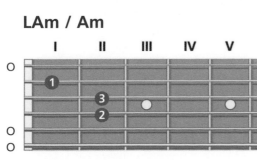

AMOR DE HOMBRE
Mocedades

MIm SI7 MIm SI7   SOL
Ay, amor de hombre, que estás haciéndome llorar una vez más.
SI7   MIm
Sombra lunar, que me hiela la piel al pasar,
RE   DO
que se enreda en mis dedos, me abrasa en su brisa,
SI7
me llena de miedo.

Ay, amor de hombre, que estás llegando y ya te vas una vez más.
Juego de azar, que me obliga a perder o a ganar,
que se mete en mi sueño, gigante pequeño de besos extraños.

MIm SI7 MIm SI7   SOL
Amor, amor de hombre, puñal que corta mi puñal, amor mortal.
MI7   LAm
Te quiero, no preguntes por qué ni por qué no,
no estoy hablando yo.
RE7   SOL
Te quiero, porque quiere quererte el corazón,
DO
no encuentro otra razón. Canto de gorrión,
SI7 DO
que pasea por mi mente; anda, ríndete,
SI7
si le estás queriendo tanto.

Ay, amor de hombre, que estás haciéndome reír una vez más.
Nube de gas, que me empuja a subir más y más,
que me aleja del suelo, me clava en el cielo con una palabra.

Amor, amor de hombre, azúcar blanca, negra sal, amor vital.
Te quiero…

MIm / Em

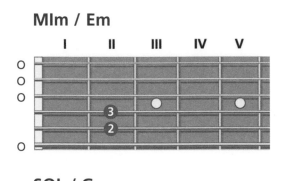

SI7 / B7

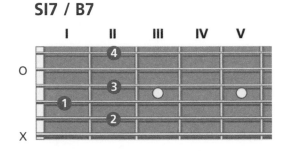

SOL / G

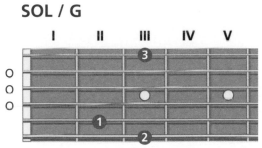

MI7 / E7

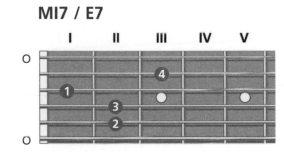

DO / C

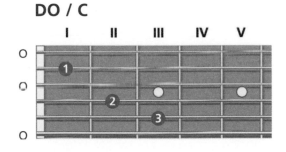

LAm / Am

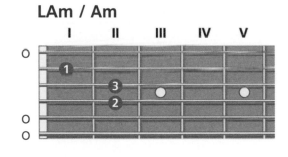

REm / Dm

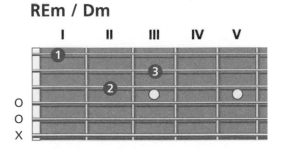

RE7 / D7

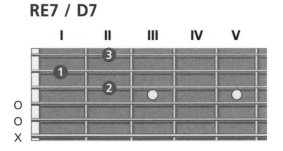

RE / D

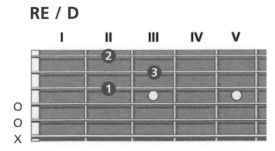

139

CANCIONES

MY HEART WILL GO ON
Celine Dion

SOL   MIm
Every night in my dreams,
DO   RE
I see you, I feel you.
SOL   MIm   DO RE
That is how I know you go on.

Far across the distance,
and spaces between us.
You have come to show you go on.

SOL RE   MIm   RE
Near, far, wherever you are,
SOL   RE   DO RE
I believe that the heart does go on.
SOL   RE   MIm RE
Once more you open the door,
SOL   RE
and you're here in my heart,
DO   RE   SOL
and my heart will go on and on.

Love can touch us one time,
and last a lifetime,
and never let go till we're one.

Love was when I loved you,
one true time I hold to.
In my life we'll always go on.

COROS

There is some love that will not go away.

You're here, there's nothing I fear,
and I know that my heart will go on.
We'll stay forever this way,
you are safe in my heart.
And my heart will go on and on.

140

SOL / G

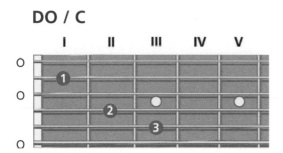

MIm / Em

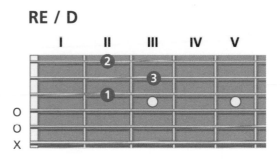

DO / C

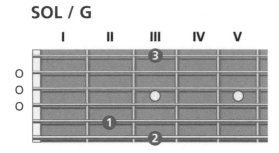

RE / D

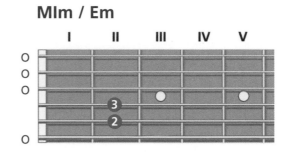

CANCIONES

NO WOMAN NO CRY
Bob Marley

DO   SOL   LAm
Said I remember when we used

FA
to sit

DO   SOL   LAm FA
In the government yard in Trenchtown

DO   SOL   LAm FA
Oba, observing the hypocrites

DO   SOL
As they would mingle with the good

FA
people we meet

DO   SOL   LAm
Good friends we have had, oh good

FA
friends we've lost

DO   SOL   LAm FA
along the way (way)

DO   SOL   LAm FA
In this great future you can't forget your past

DO   SOL   LAm FA
So dry your tears I say

DO   SOL   LAm FA
No woman, no cry

DO   FA   DO
No woman, no cry

DO   SOL   LAm FA
Here little darlin' don't shed no tears

DO   FA   DO
No woman, no cry

Said I remember when we used to sit
In the government yard in Trenchtown
And then Georgie would make the fire lights
As it was, log would burnin' through the nights
Then we would cook cornmeal porridge
Of which I'll share with you

142

My feet is my only carriage
So I've got to push on through
But while I'm gone I mean it

    DO   **SOL**
Ev'rything's gonna be alright
    LAm   **FA**
Ev'rything's gonna be alright
    DO   **SOL**
Ev'rything's gonna be alright
    LAm   **FA**
Ev'rything's gonna be alright
    DO   **SOL**
Ev'rything's gonna be alright (now)
    LAm   **FA**
Ev'rything's gonna be alright
    DO   **SOL**
Ev'rything's gonna be alright
    LAm   **FA**
Ev'rything's gonna be alright

So, no woman, no cry
No, no woman, no woman, no cry
Oh, little sister, don't shed no tears
No woman, no cry

Said I remember when we used to sit
in the government yard in Trenchtown
And then Georgie would make the fire
lights
Log wood burnin' through the night
Then we would cook corn meal porridge
Of which I'll share with you

My feet is my only carriage
So I've got to push on through
But while I'm gone...

DO / C
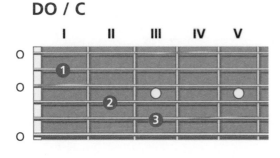

SOL / G
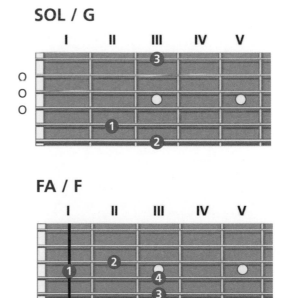

LAm / Am
FA / F
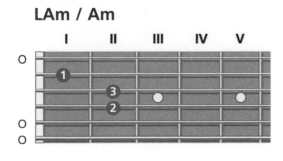

BLUE SUEDE SHOES
Elvis Presley

          LA
Well it's a one for the money, two for the show,
     LA7   **RE**
three to get ready, now go, cat, go. But don't you
              LA
step on my blue suede shoes.
    MI   **RE**   **LA**
You can do anything but lay off of my blue suede shoes.

Well, you can knock me down, step in my face,
slander my name, all over the place,
and do anything that you want to do,
but ah ah, honey, lay off of my shoes, and don't you
step on my blue suede shoes.
You can do anything but lay off of my blue suede shoes.

Well, you can burn my house, steal my car,
drink my liquor from an old fruitjar,
and do anything that you want to do,
but ah ah, honey, lay off of my shoes, and don't you
step on my blue suede shoes.
You can do anything but lay off of my blue suede shoes.

       LA
Blue, blue, blue suede shoes.
       LA
Blue, blue, blue suede shoes.
       RE
Blue, blue, blue suede shoes.
       LA
Blue, blue, blue suede shoes.
   MI   **RE**   **LA**
You can do anything but lay off of my blue suede shoes.

144

LA / A

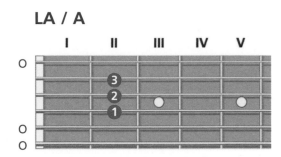

LA7 / A7

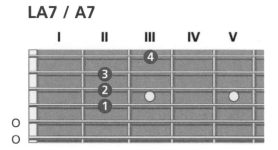

RE / D

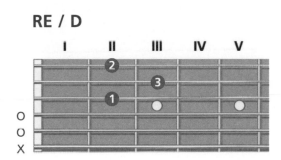

MI / E

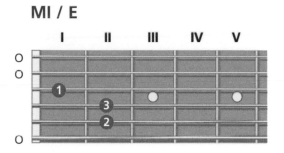

145

BLACK MAGIC WOMAN
Carlos Santana

REm7
I got a black magic woman,
LA7
I got a black magic woman.
REm7
Yes, I got a black magic woman,
SOLm7
she's got me so blind I can't see.
REm7
But she's a black magic woman and she's
LA7   **REm7**
tryin' to make a devil out of me.

Don't turn your back on me, baby.
Don't turn your back on me, baby.
Yes, don't turn your back on me, baby,
don't mess around with your tricks.
Don't turn your back on me, baby, cause you
might just wake up my magic sticks.

You got your spell on me, baby.
You got your spell on me, baby.
Yes, you got your spell on me, baby,
turning my heart into stone.
I need you so bad,
magic woman I can't leave you alone.

REm7 / Dm7

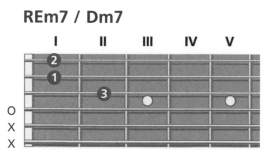

SOLm7 / Gm7

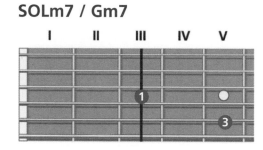

LA7 / A7

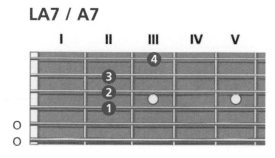

147

KILLING ME SOFTLY
Roberta Flack

MIm   **LAm**
Strumming my pain with his fingers,
  RE7   **SOL**
singing my life with his words,
   MIm   **LA**
killing me softly with his song,
 RE **DO**
killing me softly with his song,
SOL   **DO**
telling my whole life with his words.

      FA
Killing me softly,
    MI
with his song.

   LAm   **RE**
I heard he sang a good song,
  SOL   **DO**
I heard he had a style,
   LAm **RE**
and so I came to see him,
     MIm
and listen for a while.
LAm   **RE7**
And there he was this young boy,
   SOL   **SI7**
a stranger to my eyes.

I felt all flushed with fever,
embarrassed by the crowd.
I felt he found my letters,
and read each one out loud.
I prayed that he would finish,
but he just kept right on.
He sang as if he knew me,
and all my dark despair.
He kept on looking right through me,
as if I wasn't there.
And then he kept on singing,
singing clear and strong.

MIm / Em

LAm / Am

RE7 / D7

SOL / G

149

LA / A

RE / D

DO / C

SI7 / B7

FA / F

MI / E

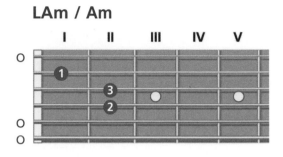
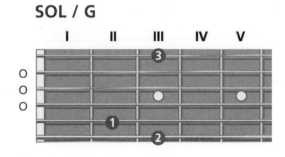
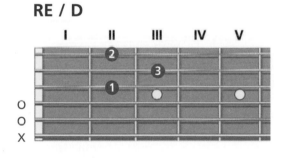
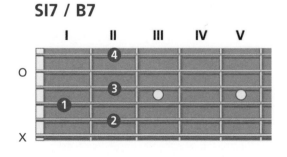
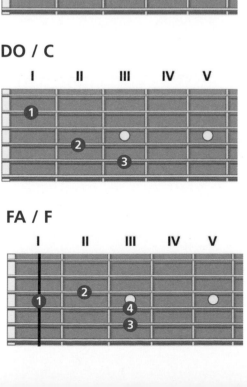
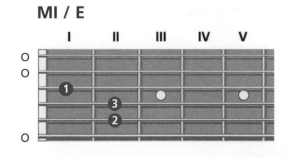

THE LETTER
The Box Tops

LAm   **FA**
Give me a ticket for an aeroplane,
   SOL   **RE**
Ain't got time to take the fastest train
LAm   **FA**
Lonely days are gone, I'm goin' home,
   MI7   **LAm**
My baby just wrote me a letter.

I don't care how much money I gotta spend,
Got to get back to my baby again
Lonely days are gone, I'm goin' home,
My baby just wrote me a letter.

   DO   **SOL**
Well she wrote me a letter
FA   **DO**   **SOL**
Said she couldn't live without me no more.
   DO   **SOL**
Listen mister can't you see
FA   **DO**   **SOL**
I got to get back to my baby once more.
   MI7
Anyway.

Give me a ticket for an aeroplane,
Ain't got time to take the fastest train
Lonely days are gone, I'm goin' home,
My baby just wrote me a letter.

Give me a ticket for an aeroplane,
Ain't got time to take the fastest train
Lonely days are gone, I'm goin' home,
My baby just wrote me a letter.

LAm / Am

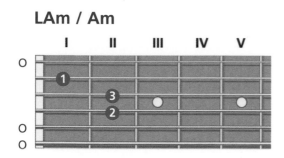

FA / F

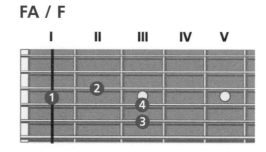

SOL / G

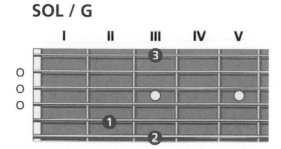

RE / D

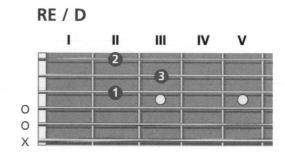

MI7 / E7

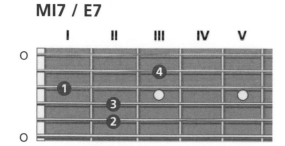

DO / C

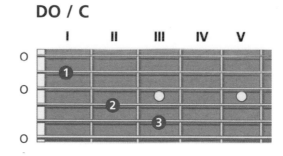

151

WITH OR WITHOUT YOU
U2

RE LA SIm SOL RE
See the stone set in your eyes, see the thorn twist in your side

LA SIm SOL
I wait... for you

RE LA SIm SOL RE
Sleight of hand & twist of fate, on a bed of nails she makes me wait

LA SIm SOL
And I wait... without you

RE LA SIm SOL
With or without you, with or without you

Thru the storm we reach the shore, you give it all but I want more
And I'm waiting for you

RE LA SIm SOL
With or without you, with or without you, oh, oh

RE LA SIm SOL
I can't live, with or without you

RE LA SIm SOL
And you give yourself away, and you give yourself away

RE LA SIm SOL
And you give, and you give and you give yourself away

My hands are tied, my body bruised

She's got me with nothing to win

And nothing left to lose

RE / D

I II III IV V

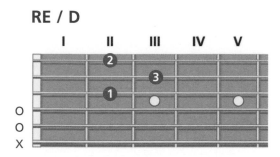

LA / A

I II III IV V

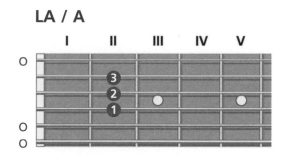

SOL / G

I II III IV V

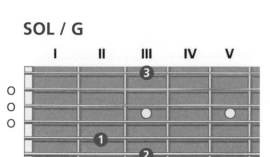

SIm / Bm

I II III IV V

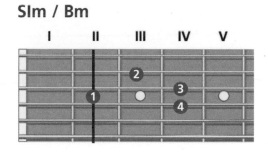

153

CAROLINA
M-Clan

```
    DO       SOL      RE           LAm
La dulce niña Carolina no tiene edad para hacer el amor.
    DO             SOL                  RE
Su madre la estará buscando, o eso es lo que creo yo.
    DO          SOL    RE      LAm
No puedo echarla de mi casa, me dice que no tiene dónde dormir.
    DO          SOL               RE
Después se mete en mi cama, eso es mucho para mí.
 LAm    RE       LAm      RE  DO   SOL    RE
Ésa va a ser mi ruina; pequeña Carolina, vete por favor.
```

ESTRIBILLO

```
MIm DO  SOL   RE    MIm      DO   SOL      RE
Carolina, trátame bien, no te rías de mí, no me arranques la piel.
   MIm DO SOL  RE   SIb        FA      SOL
Carolina, trátame bien, o al final te tendré que comer.
```

No queda en la ciudad esquina tras la que yo me pueda esconder.
Siempre aparece Carolina con algún tipo de interés.
La reina de las medicinas que no se venden en farmacia legal.
Vinagre para las heridas, dulce azúcar al final.
El diablo está en mi vida; pequeña Carolina, vete por favor.

DO / C

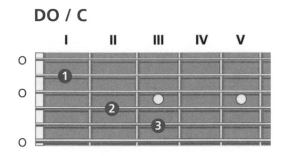

SOL / G

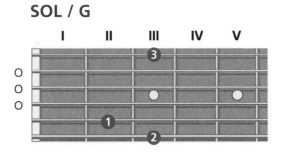

RE / D

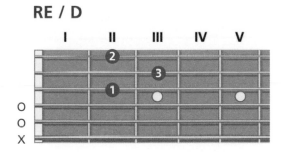

LAm / Am

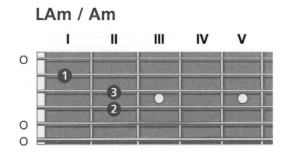

MIm / Em

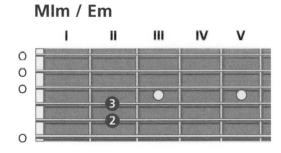

SIb / Bb

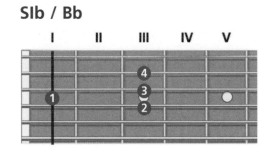

FA / F

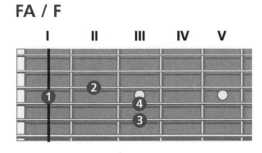

155

CANCIONES

CARBÓN Y RAMAS SECAS
Manolo García

DO   SOL   REm
Sobre los tejados se escapa la tarde.
FA   DO   SOL
Humo de un cigarro que fuma Gardel.
DO   SOL   REm
En el dulce licor que me hiere salvaje,
FA   DO   SOL
en los garabatos que hago en el mantel.

REm   SOL
Y esperaré y si no vuelves,
REm   SOL
bajo el olivo me quedaré dormido.
REm   SOL
Y esperaré por si te pierdes,
REm   SOL
será mi luna tu fanal encendido.

DO   REm   FA   SOL
Te regalo mi capa, mi capa de color grana.
DO   REm   FA   SOL
Mi triste sonrisa alzada en las ramas,
DO   FA   SOL
en los gallardetes, en las banderolas.
DO   FA   SOL
Y te hago un vestido de un rojo amapola.

Nana del marinero, nudo de antojos,
que nadie te querrá tanto como yo.
Si ahora pudiese estar mirando tus ojos,
iba a estar escribiendo aquí esta canción.

Esperaré y si no vuelves,
bajo el olivo me quedaré dormido.
Y viviré otras vidas prohibidas.
Al olvido del tiempo que añoro,
el que viví contigo.

Mi caballo tordo yo te lo regalo.
Carbón, ramas secas. Soy enamorado.
Perdonarte quiero, mas no tengo prisa.
Disculpa un momento que me desenredo.

Sírvete entre tanto lo que te apetezca.
Redimirme quiero, mas sin sobresaltos.

Destila el triunfo sabor amargo
del seco fruto del desencanto.

Laurel del triunfo, sabor amargo
del seco fruto del desencanto.

DO / C

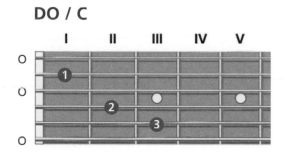

SOL / G

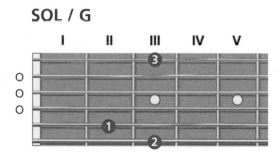

REm / Dm

FA / F

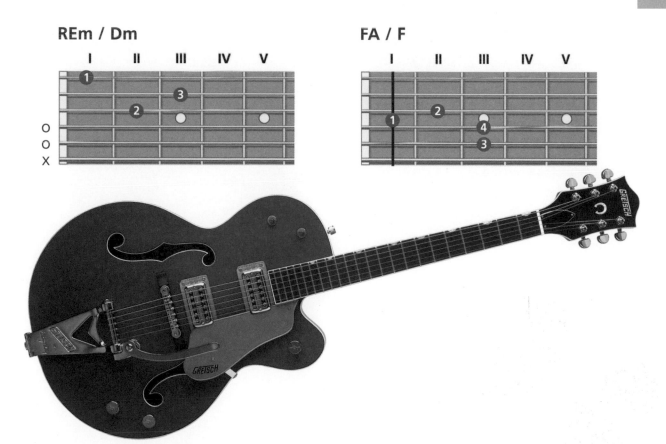

157

SO YOUNG
The Corrs

      SOL DO RE
Yeah yeah yeah yeah yeah. (x2)

     SOL   DO   RE
We are taking it easy, bright and breezy, yeah
We are living it up, just fine and dandy, yeah
We are caught in a haze on these lazy summer days
We're spending all of our nights just laughing and kissing, yeah

     LAm   DO   RE
And it really doesn't matter that we don't eat
     LAm   DO   RE
And it really doesn't matter if we never sleep
     LAm   DO   RE
No, it really doesn't matter, really doesn't matter at all

     SOL   DO   RE
Cos we are so young now, we are so young, so young now
     SOL   DO   RE
And when tomorrow comes, we can do it all again

We are chasing the moon just running wild and free
We are following through every dream and every need

     LAm DO SOL   RE
All again, all again, hee ya
     LAm DO RE
All again, all again.

ACORDES

SOL / G

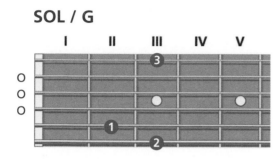

DO / C

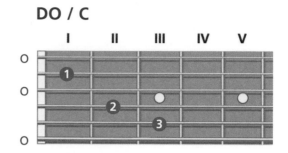

RE / D

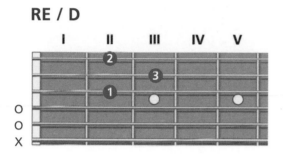

LAm / Am

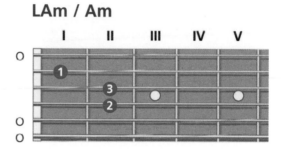

159

HUNGRY HEART
Bruce Springsteen

DO   **LAm**
Got a wife and kids in Baltimore, Jack
REm   **SOL**
I went out for a ride and I never went back
DO   **LAm**
Like a river that don't know where it's flowing
REm   **SOL**
I took a wrong turn and I just kept going

Everybody's got a hungry heart
Everybody's got a hungry heart
Lay down your money and you play your part
Everybody's got a huh-uh-un-gry heart

I met her in a Kingstown bar
We fell in love, I knew it had to end
We took what we had and we ripped it apart
Now here I am down in Kingstown again

Everybody's got a hungry heart
Everybody's got a hungry heart
Lay down your money and you play your part
Everybody's got a huh-uh-un-gry heart

Everybody needs a place to rest
Everybody wants to have a home
Don't make no difference what nobody says
Ain't nobody like to be alone

Everybody's got a hungry heart...

DO / C

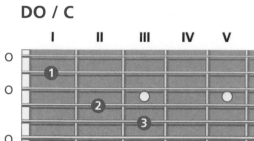

LAm / Am

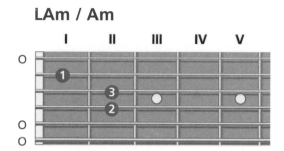

REm / Dm

SOL / G

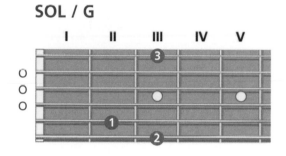

161

CANCIONES

AMO TANTO LA VIDA
Ismael Serrano

    LAm   MI   SOL   FA
Amo tanto, amo tanto la vida, que de ti me enamoré
    MI   LAm   RE   MI
y ahora espero, impaciente, ver contigo amanecer.
    LAm   MI   SOL   FA
Si se acaba este milagro, si se consume mi voz,
    MI   LAm   RE   MI
si me das un último portazo, en qué calle moriré yo.

    LA   MI   FA#m   DO#m
Estás tan bonita esta noche, te sienta el pelo recogido tan bien,
    RE   LA   RE   MI
pídeme cualquier deseo, poco te puedo ofrecer.
    LA   MI   FA#m   DO#m
Lloras, gritas, bajo la lluvia, como el ángel Lucifer,
  RE   LA   RE   MI   LAm
somos de nuevo herida abierta; mala tierra, trágame, trágame…

Amo tanto, amo tanto la vida, que de ti me enamoré,
y de amarte tanto, tanto, puede que no te ame bien.
Si yo fuera tu asesino, conmigo nunca tendría clemencia
y me condenaría a muerte, que es condenarme a tu ausencia.

Que no haya más despedidas, que no eres Ilsa Lazlo ni yo Rick Blaine,
ni soy tan idiota: no te dejaría ir con él.
El próximo avión que tomes, conmigo lo tendrás que hacer,
y el camino de regreso yo te lo recordaré, yo te lo recordaré.

162

ACORDES

LAm / Am

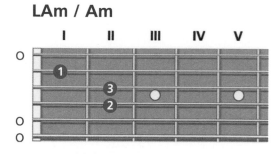

MI / E

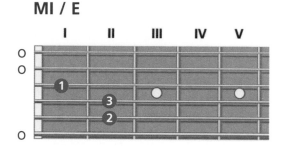

SOL / G

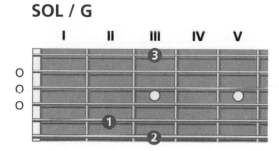

FA / F

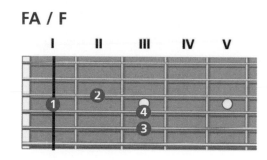

RE / D

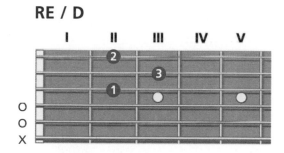

FA#m / F#m

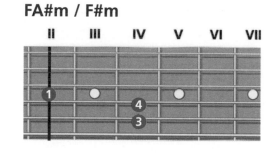

DO#m / C#m

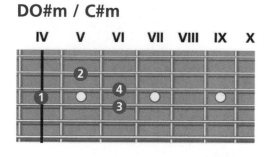

LA / A

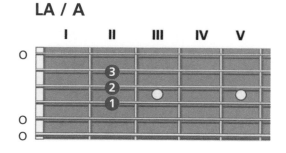

163

CANCIONES

ESTOY AQUÍ
Shakira

RE   **LA**
Ya sé que no vendrás,
SOL
todo lo que fue
SIm LA RE
el tiempo lo dejó atrás.

LA
Sé que no regresarás, lo que
SOL   **SIm LA MIm**
nos pasó no repetirá jamás.

RE   **LA**   **MIm**
Mil años no me alcanzarán
RE   **LA**
para borrarte y olvidar.

Y ahora estoy aquí,
queriendo convertir
los campos en ciudad,
mezclando el cielo con el mar.
Sé que te dejé escapar,
sé que te perdí,
nada podrá ser igual.
Mil años pueden alcanzar
para que puedas perdonar.

RE   **LA**
Estoy aquí queriéndote,
ahogándome
SOL
entre fotos y cuadernos,
entre cosas y recuerdos,
SIm   **LA**   **RE**
que no puedo comprender.
LA   **SOL**
Estoy enloqueciéndome,
SIm
cambiándome un pie por la
cara mía,

LA   **SOL**
esta noche por el día, y qué,
RE
y nada le puedo yo hacer.

Las cartas que escribí
nunca las envié.
No querrás saber de mí.
No puedo entender
lo tonta que fui.
Es cuestión de tiempo y fe.
Mil años con otros mil más
son suficientes para amar.

FA   **DO**   **SOL**
Si aún piensas algo en mí,
FA   **DO**   **SOL**
sabes que sigo esperándote.

Estoy aquí queriéndote,
ahogándome
entre fotos y cuadernos,
entre cosas y recuerdos,
que...

ACORDES

RE / D

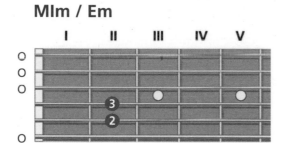

LA / A

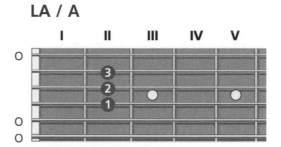

SOL / G

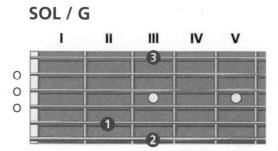

SIm / Bm

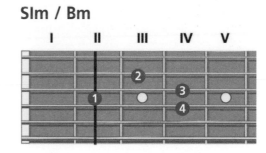

MIm / Em

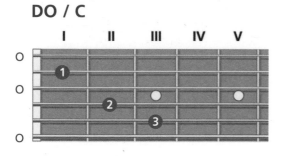

FA / F

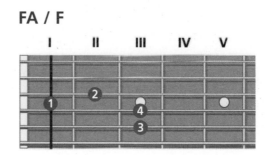

DO / C

165

CANCIONES

A FUEGO LENTO
Rosana

     SOL   **MIm**
A fuego lento tu mirada.
     RE   **SOL**
A fuego lento tú o nada.
    MIm   **DO**
Vamos fraguando esta locura
    RE   **SOL**
con la fuerza de los vientos y el sabor de la ternura.

Sigue el camino del cortejo
a fuego lento, a fuego viejo.
Sigue avivando nuestra llama
con todo lo que te quiero y lo mucho que me amas.

    SOL7   **DO**
A fuego lento me haces agua.
     RE   **SOL**
Contigo tengo el alma enamorada.
    MIm   **DO**
Me llenas, me vacías, me desarmas.
     RE   **SOL**
¡Ay, ay, ay, amor!, cuando me amas,
    SOL7   **DO**
a fuego lento, revoltosas
     RE   **SOL**
caricias que parecen mariposas
    MIm   **DO**
se cuelan por debajo de la ropa.

Y van dejando el sentimiento, amor forjado a fuego lento.
A fuego lento mi cintura.
A fuego lento y con lisura.
Vamos tramando este alboroto
con la danza de los mares y el sabor del poco a poco.
Sigo el camino del cortejo
a fuego lento, a fuego añejo.
Sigo avivando en nuestra llama
tantos días como sueños, tantos sueños que no acaban.
A fuego lento me haces agua...

166

SOL / G

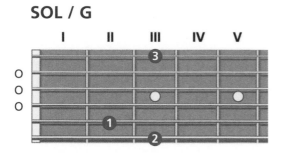

MIm / Em

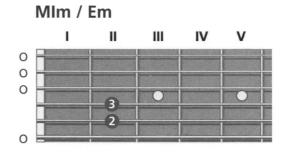

RE / D

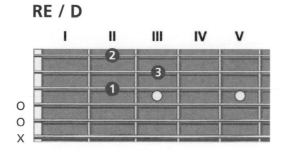

DO / C

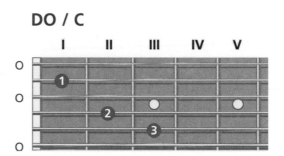

SOL7 / G7

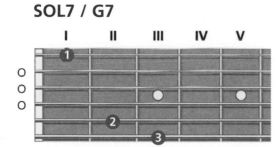

167

BLAZE OF GLORY
Bon Jovi

REm
I wake up in the morning
DO
And I raise my weary head
SOL
I've got an old coat for a pillow
REm
And the earth was last night's bed
FA
I don't know where I'm going
DO
Only God knows where I've been
SOL
I'm a devil on the run
A six gun lover
REm
A candle in the wind

REm
When you've brought into this world
DO
They say you're born in sin
SOL
Well, at least they gave me something
REm
I didn't have to steal or have to win
FA
Well, they tell me that I'm wanted
DO
Yeah, I'm a wanted man
SOL
I'm colt in your stable
I'm what Cain was to Abel
REm
Mister catch me if you can.
SOL   **RE**
I'm going down in a blaze of glory.
SOL   **RE**
Take me now but know the truth.
SOL   **RE**
I'm going out in a blaze of glory.

DO
Lord, I never drew first
But I drew first blood.
SOL
I'm no one's son.
RE
Call me young gun

You ask about my conscience
And I offer you my soul
You ask if I'll grow to be a wise man.
Well, I ask if I'll grow old
You ask me if I've known love.
And what it's like to sing songs in the rain
Well, I've seen love come
And I've seen it shot down.
I've seen it die in vain.

Shot down in a blaze of glory.
Take me now but know the truth.
'Cause I'm going down in a blaze
of glory.
Lord I never drew first.
But I drew first blood.
I'm the devil's son.
Call me young gun.
Each night I go to bed
I pray the Lord my soul to keep.

No I ain't looking for forgiveness
But before I'm six foot deep.
Lord, I got to ask a favor
And I hope you'll understand
'Cause I've lived life to the fullest

REm
Let this boy die like a man
SOL
Staring down the bullet.
REm
Let me make my final stand.

168

REm / Dm

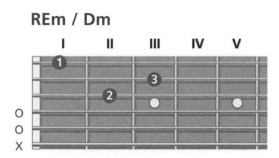

DO / C

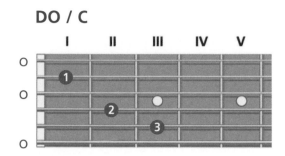

SOL / G

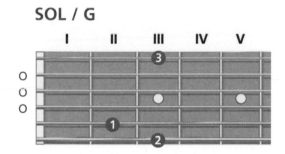

FA / F

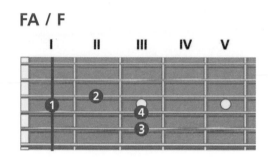

169

RE / D

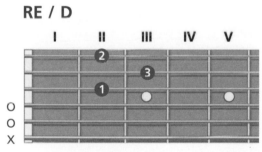

ODE TO MY FAMILY
The Cranberries

```
      RE      SIm     FA#m     SOL
Understand the things I say, don't turn away from me,
       RE         SIm       FA#m    SOL
Cause I spent half my life out there, you wouldn't disagree.
      RE  SIm                  FA#m      SOL
D'you see me, d'you see, do you like me, do you like me standing there?
      RE   SIm                 FA#m        SOL
D'you notice, d'you know, do you see me, do you see me, does anyone care?


     RE  SIm        FA#m        SOL
Unhappiness, where's when I was young, and we didn't give a damn.
       RE  SIm       FA#m            SOL
'Cause we were raised, to see life as fun and take it if we can.
     RE  SIm        FA#m           SOL
My mother, my mother she hold me, did she hold me, when I was out there.
      RE  SIm          FA#m          SOL
My father, my father, he liked me, oh he liked me, does anyone care?
```

Understand what I've become, it wasn't my design.
And people everywhere think something better than I am.
But I miss you, I miss 'cause I liked it, I liked it, when I was out there.
D'you know this, d'you know, you did not find me, you did not find,
does anyone care?

170

RE / D

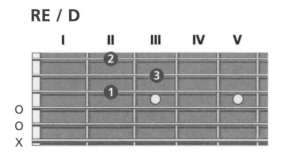

SIm / Bm

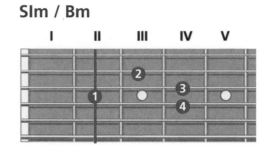

FA#m / F#m

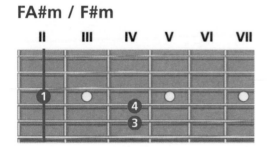

SOL / G

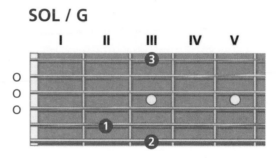

171

SO FAR AWAY FROM ME
Dire Straits

MI   SI   MI
Here I am again in this mean old town and you're so far away from me.

                    SI   MI
And where are you when the sun goes down and you're so far away from me?

        LA   DO#m   SI   MI
So far away from me, so far I just can't see;

        LA   DO#m   SI   LA   MI
So far away from me, just so far from me.

        MI   SI
I'm tired of being in love and being all alone

                      MI
when you're so far away from me.

                    SI   MI
I'm tired of making out on the telephone and you're so far away from me;

        LA   DO#m   SI   MI
So far away from me, so far I just can't see.

        LA   DO#m   SI   LA   MI
So far away from me, just so far from me.

          SI   MI
I get so tired when I have to explain when you're so far away from me.

         SI   MI
See you been in the sun and I've been in the rain And you're so far away from me

        LA   DO#m   SI   MI
So far away from me, so far I just can't see.

        LA   DO#m   SI   LA   MI
So far away from me, just so far from me.

MI / E

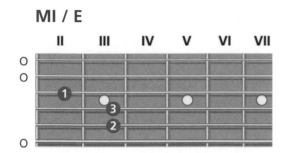

SI / B

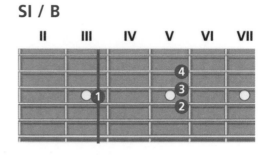

LA / A

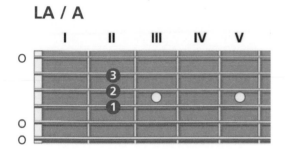

DO#m / C#m

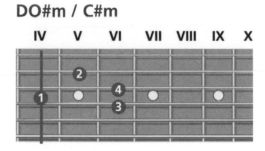

CANCIONES

CRAZY LITTLE THING CALLED LOVE
Queen

      RE   **SOL DO**
This thing called love I just can't handle it,
      RE   **SOL**   **DO**
this thing, called love I must get round to it,
         RE LA#   **DO**   **RE**
I ain't ready. Crazy little thing called love.
      RE   **SOL DO**
This thing called love it cries like a baby, in craddle all night,
      RE   **SOL**   **DO**
it swings, it jives, it shakes, all over like a jelly fish,
        RE LA#   **DO**   **RE**
I kinda like it, crazy little thing called love.

      SOL   **DO**   **SOL**
There goes my baby, she knows how to Rock'n Roll,
      LA#   **MI**   **LA**
She drives me crazy, she gives me hot and cold fever,
then she leaves me in a cool, cool sweat.

      RE   **SOL DO**   **RE**
I gotta be cool, relax, get hip! Get on my track's, take a back seat, hitch-hike
      SOL   **DO**   **RE**
And take a long ride on my motor bike until I'm ready (Ready Freddie).

      LA# **DO**   **RE**
Crazy little thing called love.
      LA# **DO**   **RE**
Crazy little thing called love.

RE / D

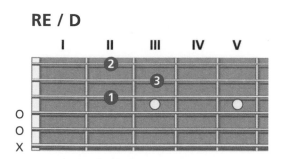

SOL / G

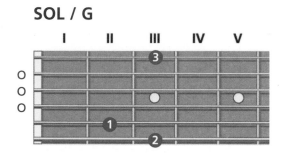

DO / C

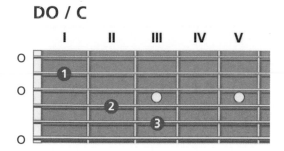

LA# / A#

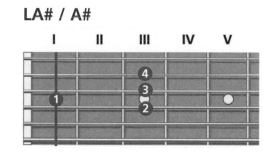

MI / E

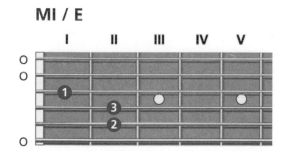

LA / A

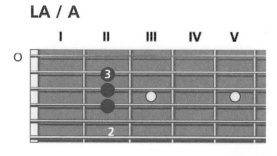

175

RUNAWAY TRAIN
Elton John

SOLm
There's a hungry road I can only hope's
DOm
Gonna eat me up inside
RE   RE7
There's a drifting spirit coming clean
DOm   SOLm
In the eye of a lifelong fire
SOLm
Tell Monday I'll be around next week
DOm
I'm running ahead of my days
RE   RE7
In the shotgun chance that scattered us
DOm   SOLm
I've seen the error of my ways
MIb RE SOLm
Oh oh oh, Oh oh oh

Well we've wrapped ourselves in golden
crowns
Like sun gods spitting rain
Found a way home written on this map
Like red dye in my veins
In the hardest times that come around
The fear of losing grows
I've lost and seen the world shut down
It's a darkness no one knows
Oh oh oh, oh oh oh

SIb
And I've poured out the pleasure and
dealt with the pain
FA   RE7
Standing in a station waiting in the rain
MIb   SIb
I'm starting to feel a little muscle again
FA   SIb
But love is lost like a runaway train
SIb
Oh I'm out of control and out of my hands
FA   RE7
I'm tearing like a demon through no
man's land
MIb   SIb
Trying to get a grip on my life again
FA   SIb
Nothing hits harder than a runaway train.

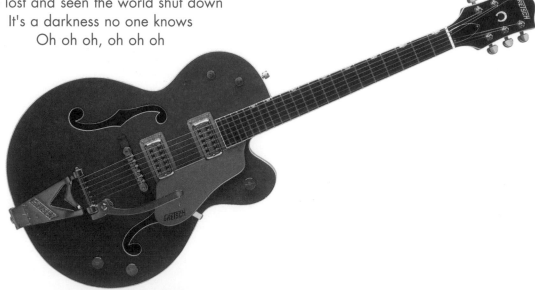

ACORDES

SOLm / Gm

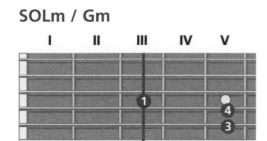

DOm / Cm

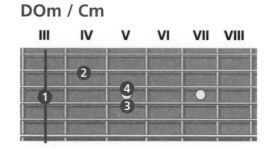

RE / D

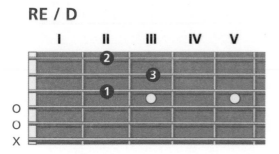

RE7 / D7

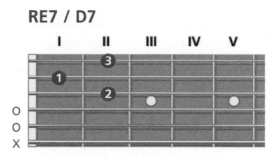

MIb / Eb

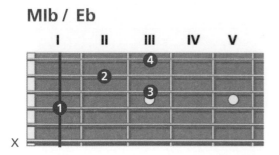

SIb / Bb

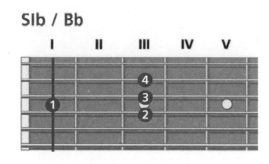

FA / F

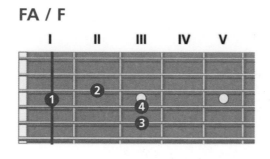

177

BOLD AS LOVE
Jimi Hendrix

LA   **MI**
Anger he smiles, towering in shiny
metallic purple armour. Queen
Jealousy, envy waits
      RE   **LA**
behind him. Her fiery green gown sneers
at the grassy ground. Blue are the
life-giving
LA
waters taken for granted,
they quietly understand.
Once happy turquoise
armies lay

SIm
opposite ready, but wonder
     SOL
why the fight is on.

FA#m SOL   **LA MI**
But they're all bold as love.
Yes, they're all bold as love
Yeah! They're all bold.

FA#m SOL
as love. Just ask the Axis...He knows
ev'rything

RE   **LA**
My red is so confident that he flashes
trophies of war, and ribbons of
euphoria. Orange is

     RE   **LA**
young, full of daring, but very unsteady
for the first go round. My yellow
in this case is not

       RE
so mellow. In fact I'm trying to say,
    LA
it's frightened like me. And all these
emotions of mine
      FA#m
keep holding me from giving my live
SOL SOL6
to a rainbow like you, but I'm uh...

LA / A

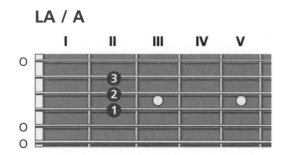

MI / E

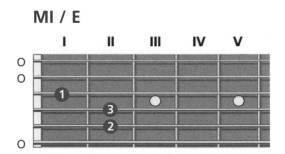

RE / D

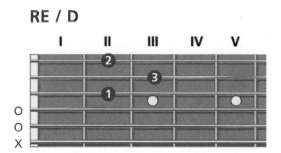

SIm / Bm

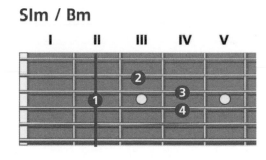

SOL / G

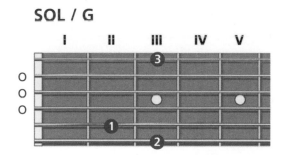

SOL6 / G6

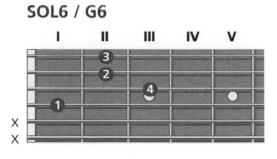

FA#m / F#m

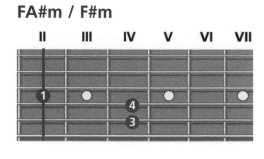

179

CANCIONES

WOMAN FROM TOKYO
Deep Purple

SOL
Fly into the rising sun,
Faces, smiling ev'ryone.
Yeah, she is a whole new tradition,
I feel it in my heart.

MI
My woman from Tokyo,
she makes me see.
My woman from Tokyo,
she's so good to me.

Talk about her like a Queen,
dancing in an Eastern Dream.
Yeah, she makes me feel like a river
that carries me away.

My woman from Tokyo,
she makes me see.
My woman from Tokyo,
she's so good to me.

LA7   **SOL**
But I'm at home and, I just don't belong...

SOL   **FA**
So far away from the garden we love,
SOL   **FA**
she is what moves in the soul of a dove.
       SOL
Soon I shall see just how
              FA
black was my night,
SOL   **FA**
when we're alone in her city of light.

Rising from the neon gloom,
shining like a crazy moon.
Yeah, she turns me on like a fire,
I get high.

My woman from Tokyo,
she makes me see.
My woman from Tokyo,
she's so good to me.

180

SOL / G
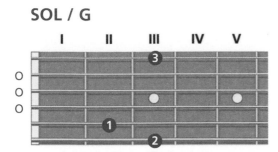

MI / E
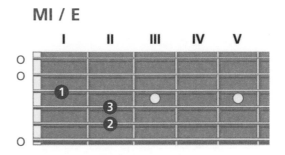

LA7 / A7
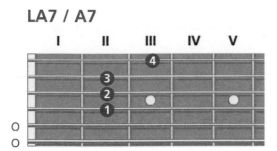

FA / F
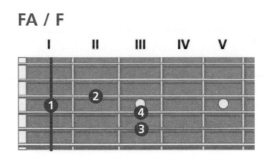

181

HEAD OVER FEET
A. Morissette

DO SOL LAm FA
I had no choice but to hear you.
You stated your case time and again.
I thought about it.

DO SOL LAm FA
You treat me like I'm a princess
I'm not used to liking that.
You ask how my day was.

RE   SIm
You've already won me over
    SOL   LA
in spite of me.
RE   SIm LA#   LA
Don't be alarmed if I fall head over feet.
RE   SIm SOL   LA
Don't be surprised if I love you for all that
you are.
    FA DO
I couldn't help it.
    SOL
It's all your fault.

Your love is thick and
it swallowed me whole.
You're so much braver than
I gave you credit for.
That's not lip service.

You've already won me over
in spite of me.
Don't be alarmed if I fall head over feet.
Don't be surprised if I love you for all that
you are.
I couldn't help it. It's all your fault.

You are the bearer of unconditional things.
You held your breath and the door for me.
Thanks for your patience.

You're the best listener that I've ever met
You're my best friend,
Best friend with benefits.
What took me so long.

I've never felt this healthy before.
I've never wanted something rational.
I am aware now.
I am aware now.

You've already won me over
in spite of me.
Don't be alarmed if I fall head over feet.
Don't be surprised if I love you
for all that you are.
I couldn't help it.
It's all your fault.

DO / C

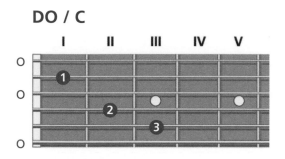

SOL / G

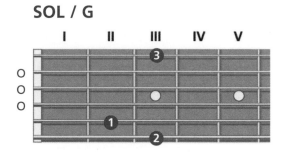

LAm / Am

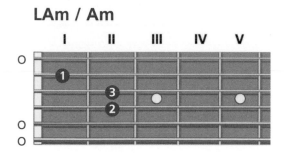

FA / F

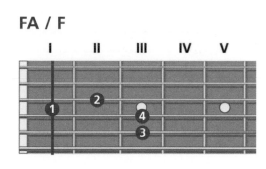

RE / D

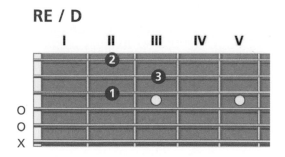

SIm / Bm

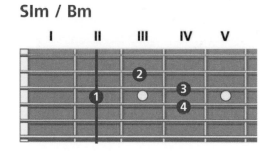

LA / A

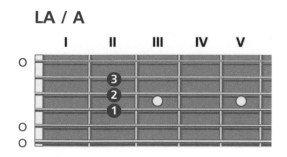

LA# / A#

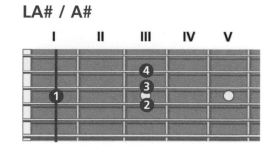

183

WHERE THE STREETS HAVE NO NAME
U2

RE
I want to run,
I want to hide,
I want to tear down the walls.
SOL
That hold me inside.
SIm
I want to reach out
LA
And touch the flame
DO
Where the streets have no name.

RE
I want to feel sunlight on my face,
See that dust cloud disappear without
SOL
a trace.
SIm   **LA**
I want to take shelter from the poison rain
DO
Where the streets have no name
RE
Where the streets have no name
We're still building
SOL
then burning down love.
Burning down love.
SIm
And when I go there

LA
I go there with you...
RE
It's all I can do.

RE
The city's a flood
And our love turns to rust.
We're beaten and blown by the wind.
SOL
Trampled in dust.

SIm
I'll show you a place
LA
High on the desert plain
DO
Where the streets have no name.
RE
Where the streets have no name
Where the streets have no name

Still building then burning down love
Burning down love
And when I go there
I go there with you
It's all I can do.
RE
Our love turns to rust.
SOL
And we're beaten and blown by the wind.
Blown by the wind
RE
Oh and I see love,
See our love turn to rust.

SOL
And we're beaten and blown by the wind.
Blown by the wind.
SIm
Oh when I go there
LA
I go there with you,
RE
It's all I can do.

184

RE / D

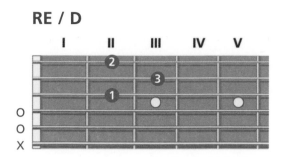

SOL / G

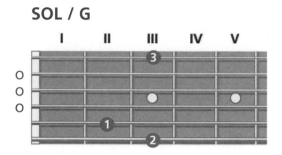

SIm / Bm

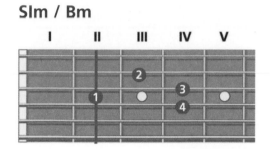

LA / A

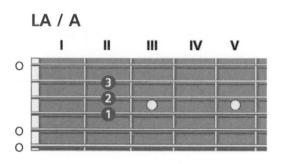

185

DO / C

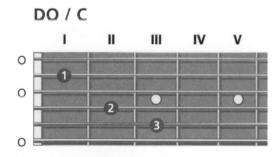

DISKORDIA
Disidencia

REm
Oponte a las normas.
SIb
¿Quién pidió una monarquía?
FA   **DO**
No queremos ser pasto de buitres
día tras día.

Oponte a la ley,
oponte a la religión,
bases de un sistema
infectado de represión.

Oponte a esa farsa
que se llama Constitución,
que no es otra cosa
que impotencia y frustración.

No quedes al margen de la situación.
Discordia y discordia.
Caos y subversión.
DO   RE
¡Kopón!

(FA MI) DO SOL SIb DO

DO   **SOL**
No tienes que ser
SIb
un eslabón más
FA   **SOL**
de una cadena sin principio ni final.
No tienes por qué ser
una pieza más.
Rompe su juego,
sal de la jaula y a volar.

Tu integridad y tu pasividad
ya pasan a ser,
pasan a ser complicidad.

Es la hora de vivir en la realidad
y reivindicar nuestra libertad.

REm / Dm

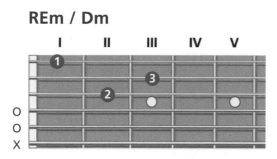

SIb / Bb

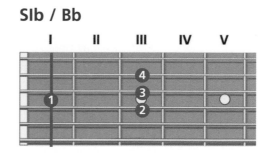

FA / F

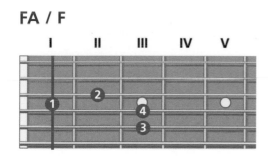

DO / C

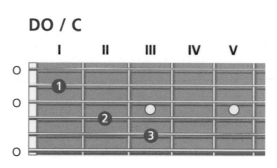

MI / E

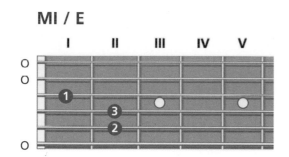

SOL / G

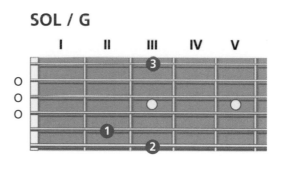

RE / D

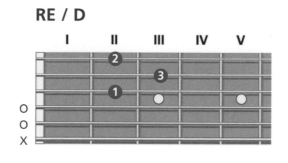

187

CANCIONES

MY LOVE
Lenny Kravitz

MI
My love
Paints the desert sky.
My love.
RE   LA
Walks the hundredth mile.
MI
My love
Has an angel's smile.
LA
My love,
MI
My love
Wanna lose my mind inside your head.

My love
Is a purifier.
My love
Is my one desire.
My love
Always walks the Earth
My love,
My love,
Wanna lose my mind inside your bed.
Wanna lose it,
Wanna lose it.
Wanna lose myself in your bed.
Yeah!

MI / E

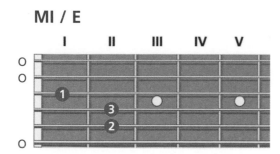

RE / D

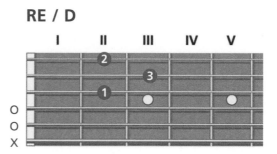

LA / A

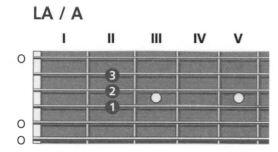

189

DO YOU WANNA DANCE
The Beach Boys

        SOL   DO   RE
Do you wanna dance and hold my hand?
   SOL   DO   RE SOL
Tell me, baby, I'm your lovin' man, oh baby,
           DO   RE SOL
do you wanna dance?

Do you wanna dance under the moonlight?
Hold me, baby, all through the night, oh baby,
do you wanna dance?

SOL   DO   RE
Do you, do you, do you, do you wanna dance?
SOL   DO   RE
Do you, do you, do you, do you wanna dance?
SOL   DO   RE
Do you, do you, do you, do you wanna dance?

MI7
Do you wanna dance under the moonlight?
Just kiss me baby all through the night, oh baby,
do you wanna dance?

Do you wanna dance under the moonlight?
Squeeze me, squeeze me all through the night, oh baby,
do you wanna dance?

SOL / G

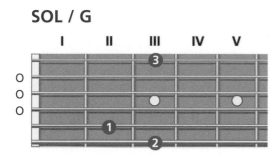

DO / C

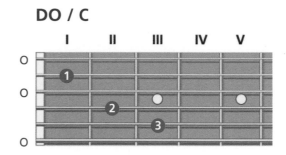

RE / D

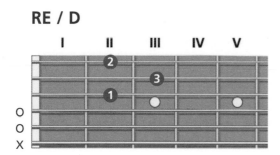

MI7 / E7

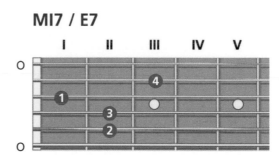

191

Índice de canciones

AUTOR	TÍTULO CANCIÓN	CASA DISCOGRÁFICA	pág.
A. Morissette	Head Over Feet	MAVERICK	182
Alaska y Dinarama	Ni tú ni nadie	HISPAVOX, S.A. EDICIONES MUSICALES	132
Bob Marley	No Woman No Cry	UNIVERSAL MUSIC SPAIN	142
Bon Jovi	Blaze of Glory	POLYGRAM RECORDS	168
Bruce Springsteen	Hungry Heart	CLIPER EDIC. MUSIC	160
Café Quijano	Ante todo	WEA MUSIC	130
Carlos Santana	Black Magic Woman	CLIPER EDIC. MUSIC	146
Celine Dion	My Heart Will Go On	CLIPER EDIC. MUSIC	140
Deep Purple	Woman From Tokyo	RHINO RECORDS	180
Dire Straits	So Far Away From Me	MERCURY RECORDS	172
Disidencia	Diskordia	EL LOKAL	186
Elton John	Runaway Train	MCA	176
Elvis Presley	Blue Suede Shoes	CAN. REDWOOD	144
Ismael Serrano	Amo tanto la vida	UNIVERSAL MUSIC	162
Jimi Hendrix	Bold as Love	MCA	178
Lenny Kravitz	My Love	VIRGIN RECORDS	188
Manolo García	Carbón y ramas secas	PARLER. PRODUC.	156
M-Clan	Carolina	WORKEX	154
Mocedades	Amor de hombre	EDIT. ALIER	138
Queen	Crazy Little Thing Called Love	HOLLYWOOD RECORDS	174
Radio Futura	Corazón de tiza	ANIMAL MUSIC	134
Roberta Flack	Killing Me Softly	PLATZ MUSIC	148
Rosana	A fuego lento	MÚSICA VIRTUAL	166
Shakira	Estoy aquí	SMP LATINA	164
The Beach Boys	Do You Wanna Dance	CLIPPER S. L.	190
The Box Tops	The Letter	TV SHOP EUROPE GMBH	150
The Corrs	So Young	DRO EAST WEST	158
The Cranberries	Ode to My Family	POLYGRAM RECORDS	170
U2	Where the Streets Have No Name	POLYGRAM RECORDS	184
U2	With or Without You	UNIVERSAL MUSIC SPAIN	152
Village People	Y.M.C.A	ESCORPIO MUSIC	136